錢塘沈竹礽先生遺著

周易易解

附周易示兒錄
周易說餘

新昌童學琦題

周易易解題辭

余少嘗徧治諸經獨不敢言易嘗取乾坤二卦以明心體次乃觀治亂之所由興與憂患者共之而已君明仲翔之多端康成之專固余不敢知之也季長慈明庶幾洒然有當於心然亦不欲極其義也故人沈瓞民以其先人竹礽先生周易易解來且云先生故善形法家言所至必觀其山川條列著書爲葬師宗其治周易蓋衆諸家說解至二千種凡所采擇上極漢師而下兼綜宋世先天之術余謂自言漢易者觀之必曰京虞是陳邵非也雖然等之多端亦何足以相非笑哉而余終不敢知也形法之說自山海經以來變遷亦多矣先生旣專志于是其于周易宜有所會通者易道大矣誠無所不具顧余嘗取八卦方位觀之知古之布卦者以是略識中國疆理而已中國于大地處東北而北不暨寒帶北極乃正直其西北故以處乾求地中者當赤道下于馬來則稍西乃正直中國西南故以處

坤北限瀚海故以處坎南限日南故以處離當坤之衝爲山脈所盡而長白諸山猶屹然焉故以東北處艮東南濱海不得大山以遮之故多烈風而颶風自臺灣海峽來故以東南處巽澤萬物者莫沛于江河之源故以西方處兌動萬物者莫烈于海中火山故以東方處震八卦成列義如此其精也爲先天之圖者離東坎西猶有說及以南處乾以北處坤則于方位大舛矣彼徒以陰陽相配不知庖犧之作八卦嘗觀地之宜也唐人作疑龍撼龍諸經以識形法其人蓋嘗巡視山川者然于江河嶺外猶相及自蜀以西南自燕薊以東北則不能至焉括囊大體孰有如易之至者乎余不獲識先生無由知其觀覽而極逝者不可作已颭民固善繼其術者其不以余言爲澶漫否乎于是以題其耑也民國二十年八月章炳麟

周易易解序

杭州沈竹礽先生行詣堅卓余既爲之傳載入集中戊辰歲其令嗣瓞民介余甥俞鳳賓乞爲先生所著周易易解序言旋瓞民又踵門來請余易學淺陋詎能闚見高深顧感瓞民懇懃意誼不獲辭竊維易之爲書冒天地古今之道自商瞿受經宣聖以來支餘流裔累軌連踵而撮其大凡不過象數理三者而已以言者尙其辭于是有理學以動者尙其變于是有象學以卜筮者尙其占于是有數學象學支派爲卦氣消息升降爻辰傳自孟喜分爲虞荀鄭三家統歸于既濟定得聖學之正其蔽也失之鑿王輔嗣說理以爻象爲筌蹄程子易傳掃千載之晦蒙朱子項平父繼之窮理盡性探幽發微得聖學之真其蔽也失之虛數學傳自易林巫覡者流假于鬼神時日造言託事識者鄙之自邵子出演先後天之說因元會運世之推移抉數學闢奧得聖學之偏其蔽也失之誣近代惠張焦姚諸家

溯漢學之源流虞荀鄭絕學大昌于世周易折中實成於李文貞闡顯義例致廣大盡精微羽翼聖經網羅宋學靡餘蘊矣余弱冠後治漢易研究惠氏諸家書釐承師法厥後讀亭林集謂讀易書二百餘種無有過於程傳者爰治程傳輔以本義玩辭及通志堂諸家書心更好之擬兼采漢宋學說爲周易大義人事倉卒中經憂患未遑成也茲讀竹礽先生周易易解十卷兼象理數三者之長而不墮於鑿虛誣三者之弊易知易能獨標新諦可謂易學家難得之書矣其尤精者如釋乾卦二爻曰九二變離離中虛虛卽心也易不言心二五二爻皆心象也離之心虛坎之心實中正二字指心言也余維易理五爲天道二爲人道天人之心一歸于中正則天下治平矣此非先生救世之苦心歟竊引而申之易學者心學也文王於坎言維心亨指坎二五兩爻也周公于艮言我心不快指艮二爻也于明夷言獲明夷之心于艮又言厲熏心則又以三四爻爲心易道變動而

不居也孔子言復其見天地之心又言聖人以此洗心退藏于密神以知
來智以藏往至矣哉人生自少至壯自壯至老無日不在六十四卦三百
八十四爻之中其所以出凶悔吝而入吉者道在中正而已矣聖人所以
著乾之策二百一十有六坤之策百四十有四能說諸心能研諸慮定愛
惡別情僞辨利害盛德大業與民同患道在中正而已矣先生之說易豈
非有契于聖人之心哉知此義而中行獨復各正性命寂然不動感而遂
通開物成務天下憧憧往來之思機械相攻之習舉可以息而凡納于罟
擭陷阱中者苟外內知懼亦將有以祓濯而自拔離慚叛游屈之辭生心
害事害政之論無所容于天壤之間先生之功不其偉與且夫國家治亂
興衰根於陰陽消息小大往來其顯焉者則爲君子小人之進退履霜堅
冰非一朝夕之故也先生釋履卦履虎尾不咥人以紂爲虎人爲文王自
謂履道坦坦幽人貞吉謂指伯夷而言釋明夷利艱貞謂文王在羑里時

處境之險守身之貞無非冀君心之一悟釋家人利女貞謂家庭不齊皆由女禍而起文王家齊周賴以興紂之罪在惟婦言是聽而已釋睽見惡人謂紂性乖故以惡人目之過主于巷謂指妲己入宮之初睽孤見豕載鬼謂指紂之所爲天怒人怨凡此皆有合于干氏家法宋楊氏易傳明來氏集註亦多此類皆足以垂鑒萬世者也余嘗謂比之後夫小畜之西郊其于殷之末世周之盛德蓋已昭然而小畜之婦貞厲君子征凶蓋卽后妃卷耳憂傷之志與明夷之君子于行主人有言義可互證又蠱卦之先甲後甲隱括帝出乎震之義初爻幹父之蠱指武王上爻不事王侯目伯夷亦與先生之旨不謀而合噫一家一國亦要存亡吉凶居可知矣天道恢恢因貳以濟民隱以明失得之報豈不大哉至其說繫辭傳九德三陳謂讀易注千七百餘種惟侯氏果胡氏安世桑氏調元三家說略有可采然亦未盡得宣聖精蘊以俟後之君子審察乎此余嘗作易微言於此九

卦反復推求亦未得奥旨徒神遊于韋編三絕如聞歎息之聲而已讀易之甘苦得失亦正有同心者先生別有周易示兒錄三編皆簡明易曉韓子有言後欲求之此其躅吾知易學將大明于後禩當以先生之易解爲先河也太倉唐文治謹序

周易易解序

學易者必虛其心虛以合虛亦以攝實易之理至實也其神至虛也乾符一發坤珍斯應日曜月精相望而代明川澤通氣風霆流行大化以成庶類以生昭昭靈靈而無遁形夫非其至實乎形烏乎始是謂太始孰綱孰維以宰以司司之者元也元者易之神也六子承乾而麗坤生生不已相循而無端倪卒貞於一學易者虛其心以遊乎易之先確然有以見其太始雖謂之有元而無物可也夫非其至虛乎古來知易者莫如莊周莊周所謂遊心於天地之初易之先天也藐姑射之神人元也鯤鵬坎離也由北溟而圖南旣濟也伯陽師之以著參同契周也攝物於心視諸家術數爲糠粃而不之議也揚雄氏遁志於元彼遭時不偶龜藏蠖屈而無伸之志康節寓智於數其經世觀物知來藏往焉皆以數數根於位而表以圖則河洛先後天諸說代漢學以興矣康節者函儒道而得其通又以術數

輔其窮自邵氏而後圖書之學風靡於世則黃梨洲胡東樵之徒力破宋學以伸漢伸漢則卦氣爻辰納甲納音其爲術數君子視之蓋與河洛均也而況奇遁星歷堪輿命相之書往往出入漢宋而自以爲得易之奧祕則甚矣易義之宏冒天下之道隨所往而觸類以通者也是故盧吾之神以觀則先天後天諸卦位森然布列於吾之心也盧吾之心以觀說易之書則爲漢爲宋與夫兼綜漢宋諸家犂然各當於易之用也錢塘沈先生竹礽生清代諸大師之後資稟絕人學易之外兼精術數於京焦子雲伯陽仲翔康節諸書皆沈思孤往銳入劳微含咀經旨刊落箋注自闢徑蹊括象擧數獨造理解灼破蠱疑蓋擧明清兩朝學易而有創見者如來知德胡煦焦循劉沅端木國瑚之倫未有能蓋先生者也先生說易之最勝者曰先後天卦過而同位或對宮爻變而先後天同位或對宮對待其占必吉數之而無不讎也其或一二悔吝者本宮之克害也又曰遊魂歸魂

無異術先天之乾卽後天之離離加乾位是謂歸魂歸魂者先後天之同
一位也遊魂者離在乾對宮之坤其釋洛書二八易位曰坤生而艮死生
死易位也其解易林之辭悉取象於互卦此眞發焦氏不傳之祕千數百
年而僅覯者乎惟其於術數焉精且專故其說易焉創而法大易之實理
先生已盡探之矣今去先生之生八十載胤子祖緜以其所著周易易解
屬爲序而將刊之吾讀先生書蓋入而顯出不襲人之辭故使人無異辭
嗚呼卓哉戊辰仲秋孔子生日吳江後學金天羽拜序

周易易解卷一

錢塘沈紹勳撰

易者明象之書也繫辭傳曰懸象著明莫大乎日月說文引祕書說曰日月爲易象陰陽也日月有光其象至明又易本象形字蜥易蝘蜓守宮也按蜥易一日十二變每時一變色亦有變易之義

天地定位而易行乎其中矣故首乾坤山澤通氣故下經首咸雷風相薄故次恆坎水也離火也既濟未濟水火互也是爲水火不相射故上經終坎離下經終既濟未濟

周代名周易者周代之易也與連山歸藏之辭異故下傳第十一章曰易之興也其當殷之末世周之盛德邪當文王與紂之事邪學者須識此意而善推之則於周易之旨思過半矣

☰乾　乾下乾上　京氏房曰此八純卦象天

乾之六畫伏羲所畫之卦也乾說文上出也從乙乙物之達也乾四月之卦爲六陽之月也

乾元亨利貞

此爲卦辭文王所繫者也元者卦之體亨者卦之用利者卦之變貞者卦之成故子夏傳曰元始也亨通也利和也貞正也易言元亨利貞如乾如屯如无妄乾陽也爲父屯長男中男也无妄則父與長男也明易道貴陽而賤陰至革亦言元亨利貞而曰悔亡者與乾屯无妄有别革上卦爲兌少女也下卦爲離中女也皆陰卦也似不宜以元亨利貞四字釋卦然其上爲兌其下爲離中爻互乾互巽乾卦六爻之變在兌離巽三者革中具乾兌離巽三陰皆由乾變名之曰革言雖有乾之用而无乾之體是言无君道而君位亦當替也

初九潛龍勿用

此下至用九七節周公之易也所謂爻辭是也惟乾坤二卦有用九用六餘六十二卦祇有六爻爻尙變見左傳昭二十九年蔡墨答魏獻子問初九變巽爲天風姤䷫初居卦下乾而爲巽巽入也入於水潛之象龍荀九家乾爲龍九家補象不過採乾之爻辭而已以龍喻乾者因乾純陽變化不窮神妙不測之意孔子以老子爲猶龍近是沈氏驎士曰稱龍者假象也天地之氣有升降君子之道有行藏龍之爲物能飛能潛故借龍比君子之德也曰勿用以時尙未可有爲君子當晦養以待時猶龍在潛時也

九二見龍在田利見大人

九二變離爲天火同人䷌鄭氏玄曰二於三才爲地道地上卽田故稱田也離中虛虛卽心也三畫之卦二爲人道此心卽人心也九五變離亦心也因六畫之卦五六二爻爲天也易不言心二五二爻皆心象

也離之心虛坎之心實而已中正二字指心言也離又爲目明也故有見象利指金也上乾互乾下離故稱利見九二人爻也乾爲首卦故以大人稱之孟氏喜說易以聖人德備爲大人是也故九五亦稱大人

九三君子終日乾乾夕惕若厲无咎

九三變兌爲天澤履䷀鄭氏玄曰三於三才爲人道有乾德而在人道君子之象三爻變中爻亦變離離爲日下卦之乾已終故曰終日乾乾二字釋中爻之大用乾卦中爻皆乾至九三爻居兩互之中故曰乾乾乾乾用疊字形容自強无息之意喻君子進德修業之道也變兌兌在西西者日沒之所也故曰夕變履履卽履卦履虎尾意故惕也厲者以衣涉水之意言憂懼也易例以艱爲吉以旣憂爲无咎下倣此干氏寶以此爻爲文王反國大釐其政之日然文王之心先日不以胞與爲懷窮達皆以乾乾爲事但以反國之後言之失其義矣

九四或躍在淵

九四變巽爲風天小畜☴☰變巽中爻變兌兌爲澤澤之至深者爲淵巽入也又巽爲進退躍之象此爻重在或字或者可進可退之意文言曰上下无常進退无恆釋或字詳矣因四爻處多懼之地也

九五飛龍在天利見大人

九五變離爲火天大有☲☰鄭氏玄曰五於三才爲天道此爻釋象參考九二爻變離離中虛心象也此心卽天心也變則下卦乾乾爲天龍在天上无物可拘故曰飛虞氏翻以離爲飛因離爲雉雉飛鳥也按乾卦二五兩爻皆稱大人因先天之乾卽後天之離中變一爻有大而化之之謂聖之意故稱之曰大人明乾德之至也且五爻居上卦之中諸爻之德莫精於此傳言五多功者此也乾剛健五在乾尤爲剛健今曰飛喩剛健之至也惟在田在天九二下也在田象九五上也在天象設

卦不變則純陽純陰而已猶龍之不變安能在田在天哉凡卦二五兩爻爲尊其所尊之理古今言易者均未能切實言之學者可以此卦細察之其尊維何卽中爻是也二者中爻之始也五者中爻之終也中爻與卦連續處謂之心故凡卦之二五兩爻言人心最切乾九二見龍在田九五飛龍在天而其下均曰利見大人大人乾德也言正卦與中爻也利見者利指不變言原卦乾乾爲金利之至也見指變言離爲目故曰見因九二九五兩爻均因離而變故皆曰利見又離爲火在地則明以田象之又離爲日在天則明以天象之

上九亢龍有悔

上九變兌爲澤天夬☱☰釋見繫傳第八章亢子夏傳曰極也凡卦象陽在上有止之象亢者雖不止而自止者也飛之極易致危故曰有悔因上爲事之終時之極也

用九見羣龍无首吉

六爻皆變爲乾之坤䷁用者卽陽變陰陰變陽則剛而能柔吉之道也乾爲首无首者卦之德无有出於乾之上也

初九至上九六變乾坤二卦各有六變概稱之六大卦按乾卦六爻之變從先天用乾一兌二離三巽五父統三女也變巽長女爲初爻變離中女爲二爻變兌少女爲三爻變四五上各爻亦如之陽含陰也如下

圖

乾☰

初四爻變巽　☴姤　☴小畜

二五爻變離　☲同人　☲大有

三上爻變兌　☱履　☱夬

用九　䷁乾之坤

悟得此理全部大易不難盡知矣

彖曰大哉乾元萬物資始乃統天

彖孔子釋經之辭也彖者茅犀之名知幾知象是則彖者取於幾也劉氏瓛曰彖者斷也斷一卦之才也大哉贊辭乾元之元卽元亨利貞之元元首也人无首則死元仁也人无仁卽亡首與仁皆萬物之始也六十四卦皆始於乾故曰資始統天者統乃包括之意天亦物也言萬物无一不統於天猶人身之統於首也性之統於仁也此節釋乾之元卽卦之體也

雲行雨施品物流形

此釋乾之亨卽卦之用也

大明終始六位時成時乘六龍以御天

大明終始乾畫皆陽易例陰虛陽實虛暗實明今六位皆實爲大明以大明見乾德之始終也大爲乾之體明爲乾之德德有六卽潛見惕躍

飛亢是也六位卽六畫然位以不變言爻以變言位者乾之六畫也爻雖乾之六畫然有變化者也故位不動爻則動也時成者言乾之六位視時之變化而成君子視時之若何以卜行藏合成乾德也下時字卽六爻因時而變化乘者變之象也言龍者昭其變也六龍者卽六爻之變也乾之變以龍喩之者以狀神妙不測也陽升陰降於六位之中猶龍之能潛能飛陽則變陰陰則含陽成乾之六爻爻雖變而卦之德仍不能出乾之外也曰統天乾卦六爻之中含巽離兌三陰卦陽統陰也曰御天乾卦六爻之變隨巽離兌三陰卦陰御陽也此節釋乾之利卽卦之變也

乾道變化各正性命保合太和乃利貞

變化之道以中庸之說爲正中庸之道多言易理所謂動則變變則化惟天下至誠爲能化是卦本靜有時而動動則變化生焉變化之生由

一陰一陽而來乾中巽離兌三陰卦非實巽離兌也乃坤道也可知乾坤各正性命卽陰陽之會合否則孤陰獨陽而已又何能保合太和哉合項氏安世曰合者歸乎一也又曰乃者言如此乃足以爲利貞之全德明他卦之利貞皆不足以語此此節釋乾之貞由利而來卽卦之成也

首出庶物萬國咸寧

首卽乾也出庶物者言乾之德高出於物物之上是乾元也人人能體乾元之心以爲心卽大學正心是也人能正心陽氣日升陰氣自馴而天下太平矣

象曰天行健君子以自彊不息

象周公之繫辭也象贍應四時移於四足以象吉凶天乾也健亦乾也行者如四時之錯行日月之代明无一息之停指乾之德卽天之德也

故宋氏衷曰晝夜不懈以健詳其名是也以用也六十四卦之象周公
皆着一以字以者何所以體易而用之也自彊者何人之進德修業也
不息无有閒斷之意言人法天用天行健之道以自彊也

潛龍勿用陽在下也

以下孔子釋周公之象辭謂之小象下初九爻爲下陽在下失卦位也
初本震之正位今變爲巽是失位也

見龍在田德施普也

在田者聖人已出世也施發也與頤六四上施光也之施同因頤上卦
爲離故也變離離爲火施火發之象普大也田之象德卽乾之德也

終日乾乾反復道也

反復二字今術者謂之反吟伏吟後世不解以納甲伏一字相衝爲伏
矣伏卽復復者爲本宮所叢如乾而又遇乾是也反者爲對宮所犯乾

後天卦位對宮爲巽乾巽相衡故曰反因乾之中爻有巽也如乾☰

自二爻至五爻爲互卦原卦乾今互卦亦爲乾故曰乾乾卽復也今九

三變兌☱而互卦變離先天之乾卽後天之離亦復道也互卦又變

巽卽反也道卽一陰一陽之謂也

或躍在淵進无咎也

九四變巽入之象似可進也在君子猶以爲未可進是躍於淵之象也

飛龍在天大人造也

造作也文言曰聖人作而萬物睹正合此爻之意

亢龍有悔盈不可久也

盈者陽之極陽極則陰來故不可久

用九天德不可爲首也

九爲乾之德凡卦之德无有出於乾之上者故曰无首然祗知剛而不

知柔亦凶象也故夫子釋之謂用之道在陰陽變化剛柔相濟不可固執以乾爲首純陽用事則雖有德恐亦未能進也

文言曰元者善之長也亨者嘉之會也利者義之和也貞者事之幹也

乾坤兩卦有文言餘六十二卦皆无之此係孔門弟子所作梁武帝以文言是文王所制非也上傳第八章釋卦爻之用有七必有子曰是孔子贊易之時言卦爻之理而門弟子記之者也四德爲元亨利貞文言曰元者善之長也是德之最備者莫如元故元之一字於乾坤二卦表而出之以狀天地之德故乾曰大哉乾元坤曰至哉坤元餘六十二卦有言亨有言利貞有言利有言貞而已乾坤言元一曰大一曰至是天地之德亦各有別也元木也仁也亨火也禮也利金也義也貞水也信也幷中央之土智也以配仁義禮智信詳見乾鑿度孔子論五氣變形一節而卦之引元亨利貞合乾坤二卦而觀之其理自明乾之初四兩

爻變巽仁也二五兩爻變離禮也三上兩爻變兌義也又一六共宗而
生成水信也凡各卦引元亨利貞者皆仿此惟坤中无離猶乾之无坎
然二七共朋而生成火非无火也
君子體仁足以長人嘉會足以合禮利物足以和義貞固足以幹事
此節重言元亨利貞合仁禮義信四字信字未明言之然固之足者莫
如信朱子本義以貞爲智誤
君子行此四德者故曰乾元亨利貞
行此四德卽自彊不息之意人心一正天心自可轉移然後能達首出
庶物萬國咸寧之世矣〇以上爲第一節
初九曰潛龍勿用何謂也子曰龍德而隱者也不易乎世不成乎名遯世
无悶不見是而无悶樂則行之憂則違之確乎其不可拔潛龍也
此門弟子問夫子初九爻辭之理夫子答之門人記之者也如論語記

言之例此節關鍵在不見是而无悶一句是字指陰陽變化而言與上
九謂是動而有悔也之是字同二不字二无字是言不如此二則字是
言如此結而曰確言无所疑義也拔鄭氏玄曰移也
九二曰見龍在田利見大人何謂也子曰龍德而正中者也庸言之信庸
行之謹閑邪存其誠善世而不伐德博而化易言見龍在田利見大人君
德也
此夫子釋九二爻辭也閑宋氏衷曰防也誠者指心言閑邪存乎誠項
氏安世曰書之維精也其實書之維一也此節全文皆言道以中庸爲
貴之意關鍵在君德也一句君者大也人中之最貴者也言九二非君
位而有君德即立人之道是也正中者指乾二言是中而之正也兩之
字之之即之變之卦言也
九三曰君子終日乾乾夕惕若厲无咎何謂也子曰君子進德修業忠信

所以進德也修辭立其誠所以居業也知止止之可與幾也知終終之可與存義也是故居上位而不驕在下位而不憂故乾乾因其時而惕雖危无咎矣

此夫子釋九三爻辭也九二雖有君德然君子猶以爲未足至此日在乾乾惕厲之中一息尙存此志不懈以之進德修業也此節關鍵全在知止知終止之終之八字中知大學一篇然後能知此爻之眞理止艮也後天之乾居先天之艮知止止之也幾者如孟子所謂人之所以異於禽獸者幾希之幾人與禽獸同爲動物而所以異於禽獸者以有此幾也通書曰誠無爲幾善惡幾微故幽卽孟子所謂希也在卦中則以戊己爲幾卦无戊巳不能由先天而變後天義屬金乾離同位先天之乾卽後天之離九三互卦有離離亦乾之終也上位下位指中爻言因九三爲互卦之上下也

九四曰或躍在淵无咎何謂也子曰上下无常非爲邪也進退无恆非離羣也君子進德修業欲及時也故无咎

此夫子釋九四爻辭也君子進德修業可以出而爲政矣然猶非其時亦不進也故曰欲及時及者指躍淵也龍在淵及時之際也

九五曰飛龍在天利見大人何謂也子曰同聲相應同氣相求水流溼火就燥雲從龍風從虎聖人作而萬物睹本乎天者親上本乎地者親下則各從其類也

此夫子釋九五爻辭也易言乾坤卽狀天地人在天地之中而无人卦然卦卦皆言人道爻爻皆言人事於二五兩爻言之尤切聖人者人中之至貴者也其德在天地之上聖人之聲與天地相應聖人之氣與天地相求人與天地亦類而已故曰三才睹者指變離言

上九曰亢龍有悔何謂也子曰貴而无位高而无民賢人在下位而无輔

是以動而有悔也

此夫子釋上九爻辭也凡卦之上爻大抵積微而盛過盛則衰貴也高也上爻之象也无位者凡卦二爻爲內卦之人位五爻爲外卦之人位然卦非中爻不辨中爻卽互卦上下相互三四兩爻爲全卦之人位今在上爻是无位也六爲兌之正位今爲陽爻亦无位也坤爲衆民之象卦无坤是无民也无輔者兌在先天卦位爲乾之輔兌在後天卦位亦爲乾之輔今變兌與乾等是无輔也无位无民无輔是亢之極也故有悔○以上爲第二節

潛龍勿用下也

潛龍勿用至乾元用九一節亦文言孔子重言以申明之明爻之用也下卦之初爻爲下言聖人於此潛龍之時在卑下也卽遯世无悶之意

見龍在田時舍也

在可用之時而人不能用之故曰時舍卽雖有其德而无其位之意

終日乾乾行事也

行事者行知止知終之事也

或躍在淵自試也

自試者卽上下无常進退无恆之意以躍字形容之自試其可否能用也

飛龍在天上治也

上治者聖人居上位能治理政事也

亢龍有悔窮之災也

亢卽窮悔卽災動則悔不動則无悔

乾元用九天下治也

陽變陰卽用九用九剛柔相濟所謂通其變是也治國之道過剛則亢

柔德以濟之則民服所謂柔者卽因民之所利而利之之意乾之用九卽爲坤坤柔也乾各爻之變爲巽爲離爲兌三陰卦也皆柔道也○以上爲第三節

潛龍勿用陽氣潛藏

潛龍勿用以下至乾元用九亦文言也皆用韻語梁武帝及宗漢學者以文言爲文王所作惟此十四句似之其實贊美之辭也初爻變巽爲姤爲五月卦故曰陽氣潛藏

見龍在田天下文明

九二變離離麗也故曰文離爲日爲火爲電故曰明離又爲目亦明也故曰天下文明天下在田象也

終日乾乾與時偕行

乾乾卽健而又健自彊无止境之意偕同也乾同乾卽乾乾也

或躍在淵乾道乃革

乾之三四兩爻人爻也四爻變巽互兌互離革象也言乾變革之時也

飛龍在天乃位乎天德

易例九五爲乾之正位故得位天德者乾之德也言乾德正得位也

亢龍有悔與時偕極

易例陽在上者止之象變夬三月卦也過此陽將極盛物極必反之際故有悔

乾元用九乃見天則

人順天而行故曰天則則者法也法天者以天之雷風雨日而見人之元亨利貞是也元亨利貞之四德在用九時全體乃見○以上爲第四節

乾元者始而亨者也利貞者性情也乾始能以美利利天下不言所利大

矣哉大哉乾乎剛健正中純粹精也六爻發揮旁通情也時乘六龍以御天也雲行雨施天下平也

此節申明象辭也崔氏覲曰不雜曰純不變曰粹言乾純粹之德故有剛健中正之四德也旁通卽變也○以上爲第五節

君子以成德爲行日可見之行也潛之爲言也隱而未見行而未成是以君子弗用也

此節重言申明初九爻辭也君子能成德喻龍也未見未成喻潛也弗與勿意同而義異勿不可也弗不然也

君子學以聚之問以辨之寬以居之仁以行之易曰見龍在田利見大人君德也

此節重言申明九二爻辭也君子能成君德由聚學辨問寬居行仁而來

九三重剛而不中上不在天下不在田故乾乾因其時而惕雖危无咎矣

此節重言申明九三之爻辭也九三雖得正位然非二五之位故不中而二陽間之故曰重剛上不在天上卦在天居九五之位去九三尚遠故曰不在天下卦在田居九二之位至九三已過故曰不在田君子處此之際惟有進德修業而已不可以有爲也

九四重剛而不中上不在天下不在田中不在人故或之或之者疑之也故无咎

此節重言申明九四之爻辭也九四之位雖與九三不同惟乾坤二卦則與九三相似二五爲上下兩卦之中人爻也今九四一爻去二已遠而五又未至以大象而論三四兩爻爲人今僅有四爻而三已過去故曰中不在人或者指變巽言巽爲進退或進或退之意又爲不果不果疑之象也

夫大人者與天地合其德與日月合其明與四時合其序與鬼神合其吉凶先天而天弗違後天而奉天時天且弗違而況於人乎況於鬼神乎

此節重言申明九五爻辭也此爻言乾之九五剛健中正得位合德不問何時皆无悔吝先天卽先天卦位也後天卽後天卦位也端木氏國瑚曰易中凡言先後皆以先天後天爲義斯言也發前人所未言易之大義一言包括盡之矣又曰先天後天六十四卦一往一來往來不窮謂之通此之爲易斯言也又非通解矣與天地合其德此指先天卦位天地定位也乾天也錯則爲坤是天地定位也德者易也合德者合易之理也與日月合其明此指先後天卦位先後天坎離皆相對離日也坎月也離卽先天之乾坎卽先天之坤日月有明明者易也合明者合易之理也與四時合其序此指後天卦位後天離南坎北震東兌西離夏坎冬震春兌秋九五變離離卽先天之乾也序者易也合序者合易

之理也與鬼神合其吉凶此指卦與爻言也坎爲鬼離爲神乾變離神也離錯坎鬼也吉凶易之道也趨時者吉背時者凶合其吉凶者合易之理也先天體也莫之爲而爲莫之知而知者也完全出於天理之自然无一毫私欲加於其間故曰而天弗違且猶尙也後天用也由先天而來故曰而奉天時天時者卽震春離夏兌秋坎冬後天卦位之四時也聖人作易首乾次坤天地之道盡矣人在天地之中不另作一卦以名之曰人因六十四卦无一不爲人事而作以人能贊天地之化育夫所謂人者非具身體手足耳目口鼻飮食男女而已是有成人之道在焉其道維何卽乾坤也易曰乾道成男坤道成女是也此之所謂道卽易與天地準故能彌綸天地之道始謂之人否則雖具人形而无人心徒知飮食男女不過禽獸之具人形者而已故是道也惟人能神而明之能神而明之者始謂之大人

亢之爲言也知進而不知退知存而不知亡知得而不知喪其唯聖人乎
知進退存亡而不失其正者其唯聖人乎
此節重言申明上九之爻辭也不失其正是不失天則也書不盡言言
不盡意八字爲解易之要訣夫子言易於乾坤二卦大旨已備而後人
註釋乾坤二卦不尙簡要使易理反晦果何爲耶○以上爲第六節
☷坤 坤上坤下 京氏房曰八純卦象地
坤卽巛六畫不連六陰之月也坤地也坤德主順後天卦位坤中有申
故從土從申由乾而坤陰陽悉備伏羲畫卦首一次一三一成☰乾先
天也老子謂一生二二生三三生萬物卽指乾言也乾之三畫不加思
索畫出以象三才至坤則以乾卦分而爲二已加思索矣是後天也讀
乾坤兩卦知先天後天古聖畫卦時卽有之不必妄加臆斷爲何人所
畫也至歸藏首坤者以其爲六十四卦之母也

坤元亨利牝馬之貞君子有攸往先迷後得主利西南得朋東北喪朋安貞告

乾言元亨利貞坤亦言元亨利貞坤卦貞字之上加以牝馬者因乾爲馬牡馬也故坤爲牝馬陰從陽故坤必承乾而行坤順故曰牝之貞坤地也承天而行猶牝馬之性隨牡馬而行也說詳項氏安世周易玩辭有攸往凡易之文均有來歷與他經不同有字指有一種憑藉之物即卦是也攸久也往進也言君子可由坤卦之理攸往而進德也先者先天卦位也迷者先天卦位乾坤對待在坤惟知從乾而已故曰迷後得者後天卦位乾居西北坤居西南與對待之時有別矣初乾以巽離兌三女爲伍坤以震坎艮三男爲伍今乾能統率三男坤能統率三女男女有別禮教明矣故主利西南後天坤之方位也朋凡二人以上皆謂之朋西南之坤統率巽離兌三女得之象也東北後天艮之方位也與

震坎二卦由乾統率之是父與三男也若坤艮易位數雖順是一陰居衆陽之間男女无別矣喪之象項氏安世以主利爲利得主不利爲主釋坤之乃順承天至矣安者女子之貞德能安貞故吉崔氏憬曰妻道也西方坤兌南方巽離二方皆陰與坤同類故曰西南得朋東方艮震北方乾坎二方皆陽與坤非類故曰東北喪朋其言是也

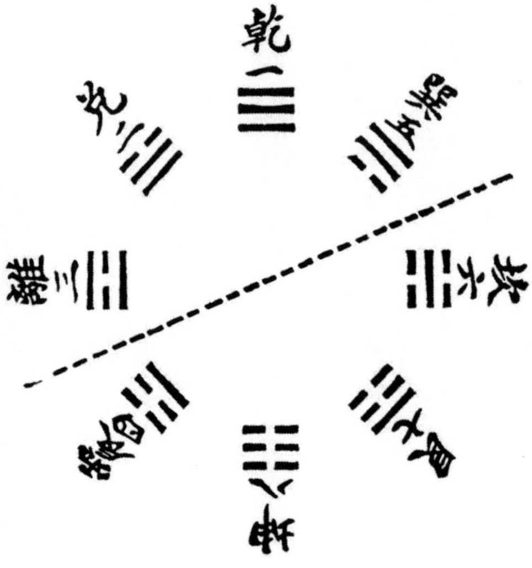

先天卦位三女從乾三男從坤卽乾坤兩卦之變

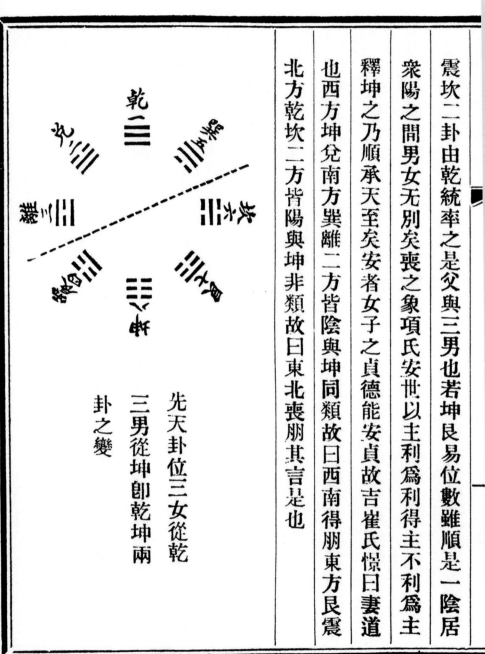

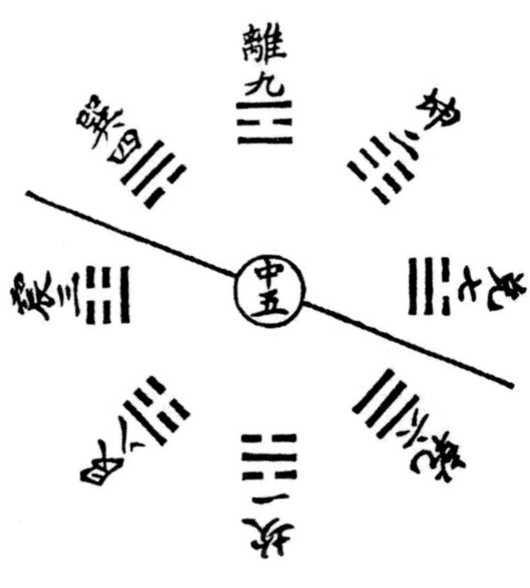

後天卦位坤居西南
統率巽離兌三女乾
統率震坎艮三男男
女有別之象若坤居
艮位數順而喪朋矣

彖曰至哉坤元萬物資生乃順承天

至哉贊辭言坤德之至也坤元之元卽乾元之元也至極也生爲天地之大德故乾資始而坤資生承者行也謂地順天而行也順天而行是從一而終之義故謂之順此釋坤之元也

坤厚載物德合无疆含弘光大品物咸亨

坤爲地厚之象言能載萬物也无疆者乾也德合无疆言以坤之德合乾也含光形容坤之性弘大形容乾之性指乾坤之合德也此釋坤之亨也

牝馬地類行地无疆柔順利貞君子攸行

此釋坤之利貞也類同類也牝馬行地言坤之利也无疆者坤順乾而行言坤之利與貞也柔者陰之德順者陰之性與乾之剛健有別君子之修德如坤之攸行乃合利貞

先迷失道後順得常西南得朋乃與類行東北喪朋乃終有慶

此釋坤之用也道卽一陰一陽之謂道也常者常道也先天卦位老父三女老母三男是迷而失道後天卦位老父三男老母三女是順而得常類卽陽與陽爲類陰與陰爲類同類則得朋異類則喪朋西南坤之方位也坤居西南之位巽離兌三卦從行三女從母是類行也 以下解佚

安貞之吉應地无疆

此釋坤之德也應者指人法地也人之安貞以法地猶地承天之陽氣而生萬物是也

象曰地勢坤君子以厚德載物

地以形言故曰勢坤順也地勢皆順如山水之由高趣下是也厚者地之形又坤爲腹言能包容萬物故又象輿輿形同腹輿之載物猶腹之能孕子而生生不已者也君子效坤之法以之修德則德自厚以之容物則物自載

初六履霜堅冰至○象曰履霜堅冰陰始凝也馴致其道至堅冰也

初六變震爲地雷復䷗爻初爻本地位又陰爻在初爲巽之正位入之象今變震震爲足又震爲大塗入於地而足又在大塗履之象九月霜降至坤十月之卦在月令水始冰地始凍冰之象小象曰陰始凝也露

結爲霜水凍成冰皆凝也其時陰盛陽衰小人道長之際也馴向氏秀曰從也蓄坤爲牝馬馴之象道坤道也言能馴致於坤之道雖至堅冰亦何害也此言防萌杜漸之至意

六二直方大不習无不利○象曰六二之動直以方也不習无不利地道光也

六二變坎爲地水師䷆直方大三字史氏徵曰生物不邪直也地體安厚方也无所不載大也朱子本義解此由史氏而來然未及史氏之精確其實直方兩字與大字不相連屬故小象曰六二之動直以方也而不及大字文言曰敬以直內義以方外亦不及大字且坤之爻辭皆叶初六履霜六二直方六三含章六四括囊六五黃裳上六玄黃直方句大句大陽也今變坎故大荀氏爽曰大者陽也頗爲的解變坎坎曰習坎習者重也今祇一坎故曰不習坎言惟心亨今變爲坎言能不囿

其習出於自然順坤德而行故无不利小象言動動指爻之變也光卽含宏光大之光也變坎先後天同位故曰地道光也

六三含章可貞或從王事无成有終○象曰含章可貞以時發也或從王事知光大也

六三變艮爲地山謙䷎坤爲吝嗇含之象坤爲耦畫章也章與文有別考工記青赤爲文赤白爲章赤南方色也白西方色也坤之三爻三陰出地在夏秋之交赤白相間之時也可者未確定之辭也或者指爻之變卦之綜錯言也從王事卽謙之勞也王大也王事大事也王者虞氏翻云乾爲王坤綜乾也坤綜乾從之象變艮艮萬物之所成終而所成始也故曰成言乎艮卦无艮故无成今變艮故有終小象言以時發也卽待時而發之意光大卽含弘光大之意以用也卽行之之意知卽知之之意

六四括囊无咎无譽○象曰括囊无咎愼不害也

六四變震爲雷地豫䷏荀九家坤爲囊且屬純陰而凝閉故曰括又坤爲吝嗇括囊象括從手中爻互艮艮爲手天地閉賢人隱括囊象也與六三含章之意同卽月令閉塞而成冬是也无咎无譽蘇氏軾曰出咎則入譽出譽則入咎无咎无譽爲人生之難事是也小象言愼愼卽括囊意

六五黃裳元吉○象曰黃裳元吉文在中也

六五變坎爲水地比䷇坤爲土月令曰中央土黃坤又爲裳此爻變比先後天同位之卦也凡易言元吉者皆先後天同位元卽指先天言也小象曰文在中也凡卦例奇爲質耦爲文坤爲乾之平分而成章言也在中者指二五爻位言二五之位居卦之中故曰在中王氏肅亦云坤爲文五爲中故曰文在中也在中卽黃色也故左氏傳言黃中之色

是也子服惠伯釋坤之比所謂中之色中卽中央土也因卦能之變樞
機在中央之土而已易例六居五爻多吉下倣此
上六龍戰于野其血玄黃○象曰龍戰于野其道窮也
上六變艮爲山地剝䷖上爻變陽陽爲乾乾爲龍剝九月卦坤十月
卦九月爲戌十月爲亥戌亥乾所都焉故稱龍焉坤爲地野者地之大
者也乾坤之交爻爻有之惟初上兩爻爲升降之幾上六居六陰之極
窮之極也故京氏房曰衆心不安厥妖龍鬥衆者坤爲衆言國家政治
无常民心不安則亂象環生矣血陰類玄天之色黃地之色
用六利永貞○象曰用六永貞以大終也
用六六爻皆變爲坤之乾䷁利指乾言乾屬金利也坤爲地爲母地
主靜永也母主貞利永貞者猶言以乾之利在坤之貞也用九用六卽
變理陰陽之謂小象曰大大陽也大終者以坤始以乾終用六陰變爲

陽故曰大終也

坤卦六爻之變從先天用坤八震四艮七坎六母統三男爲陰抱陽亦卽三男從母之意惜學者未明其理耳此卦變震長男爲初爻變坎中男爲二爻變艮少男爲三爻變四五六各爻亦如之如下圖

坤 ䷁

初 四 爻變震 ䷗復 ䷏豫

二 五 爻變坎 ䷆師 ䷇比

三 上 爻變艮 ䷎謙 ䷖剝

用六 ䷁坤之乾

文言曰坤至柔而動也剛至靜而德方後得主而有常含萬物而化光坤道其順乎承天而時行

此夫子釋坤之德而門人記之者也二至字卽至哉坤元之至也柔指陰言動言地能動也動也剛剛指乾地之動承天而行故剛靜者坤主

靜方者指地也卽天圓地方之意稱坤之德也主謂乾也父道也常者母道也言坤得乾而父母之道備也含與化光形容坤德之大也故干氏寶以大釋光承天時行言地承天而時行不息也 按地動之說本於此尙書考靈曜云地恆動而人不知譬如人在大舟中閉牖而坐舟行而人不覺也今學者不攷以爲泰西人所創獲實非也或謂天圓地方坤多言方主地不動也殊不知圓方者狀目所見天地之形而已至動也剛承天而時行明明言地動也又何疑哉

積善之家必有餘慶積不善之家必有餘殃臣弒其君子弒其父非一朝一夕之故其所由來者漸矣由辯之不早辯也易曰履霜堅冰至蓋言順也

此夫子釋初六爻辭也易明感應之理猶世俗所言因果以積善積不善爲感而餘慶餘殃應之理之自然也臣弒君子弒父禍至烈者也其事皆陽與陽鬥不與陰鬥者也不過禍之起由陰爾積者非一朝一夕之故乃累世之事也家者非一身之故乃衆人之事也此爻變震震動

也原坤坤衆也家之謂也動於善故有慶動於不善故有殃曰餘者非
在其身而在子孫者也漸卽杜微防漸之意此言積善之家喻周積不
善之家喻商辯馬氏融曰別也順卽愼古字通用一家積善積於母者
居多故俗謂之陰德陰者母也母主靜善易積母若反常則一家敗故
於坤卦重言申明之

直其正也方其義也君子敬以直內義以方外敬義立而德不孤直方大
不習无不利則不疑其所行也

此夫子釋六二爻辭也敬以直內義以方外二句出踐阼記孔子引之
程朱以德不孤釋大大乾也乾坤對待故不孤又後天之坎卽先天之
坤先後天同位是謂合德亦不孤也變坎坎爲隱伏又其於人也爲加
憂爲心疾疑之象同位則志合故不疑中爻變互震震爲足行之象

陰雖有美含之以從王事弗敢成也地道也妻道也臣道也地道无成而

代有終也

此夫子釋六三爻辭也言乾不交坤卽地道无成妻道臣道亦如此含者坤含乾也坤之王事生育而已生育爲代乾之終也

天地變化草木繁天地閉賢人隱易曰括囊无咎无譽蓋言謹也一本謹作順

此夫子釋六四爻辭也變震震爲雷雷出地上天地之變化也震爲木震司春令故草木繁坤十月卦也爲陰之純故天地閉閉卽月令閉塞成冬之意賢人者三四兩爻爲人爻也變震中爻互坎坎爲隱伏隱之象

君子黃中通理正位居體美在其中而暢于四支發于事業美之至也

此夫子釋六五爻辭也變坎先天之乾坤卽後天之坎離坤之變坎由中五而來卽一陰一陽之謂道也中五之色黃故曰黃中坎爲通坤受一陽是通理也又坎陷也一陽陷於二陰之內是乾通坤也五爲坎之

正位變坎則陽居陰位之體矣凡卦之變言時乾道也言位坤道也美在其中此中字不可思議卽上傳闔戸謂之乾闢戸謂之坤是也其中卽天尊地卑之義卽坎之陽爻也四支卽坎之陰爻事業卽天地交而生萬物也暢與發喻美之至也

陰疑于陽必戰爲其嫌于无陽也故稱龍焉猶未離其類故稱血焉夫玄黃者天地之雜也天玄而地黃

此夫子釋上六爻辭也疑一作凝古通上六陰之極今變爲艮是陰極而陽動也在卦爲剝在月爲九其時陰疑已極雖有一陽總不能敵陰故戰戰者言戰乎乾也嫌釋文如字鄭作溓荀虞董陸作嗛李氏鼎祚集解本作兼而无无字九家易陰陽合居故曰兼陽其說較精龍言非有眞龍焉故曰稱不過陰爻變陽陽雖現其實仍无陽也類者陰陽各有其類坤爲陰之類未離其類言坤雖變艮猶是坤之體也故曰未離

血者陰體也天地之雜莊氏義上六之爻兼有天地雜氣因上爲天而

坤之變爲艮卽乾體也其實此雜字指雜卦言蓋乾坤兩卦外其餘各

卦无一非陰陽相雜故諸卦之文亦均雜雜卽觸類旁通是也黃者坤

之離玄者乾之坎皆中爻之色也黃與玄之色不在本卦而在之卦雜

也猶一血而具二色卽雜之謂也

周易易解卷一終

周易易解卷二

錢塘沈紹勳撰

䷂屯　震下坎上　京氏房曰坎宮二世卦

屯說文難也坎水在上盛之以仰盂坎水塞而不通故爲屯　中爻互坤互艮　上錯離下錯巽　綜蒙

屯元亨利貞勿用有攸往利建侯

屯之全體觀之元亨利貞也因上坎中男也下震長男也中爻互艮少男也互坤母也卦之體雖變卦之德猶坤之德也故曰元亨利貞互艮艮止也故曰勿用往者坎上震下相生也故曰有攸往震下震爲侯互坤坤爲邑建侯之象中互艮艮爲手建之象侯而曰建猶未確定也初九爻意同

彖曰屯剛柔始交而難生動乎險中大亨貞雷雨之動滿盈天造草昧宜

建侯而不寧

屯爲洪荒之世故彖重天造草昧四字葢天地開闢之時萬物成形莫不由水而生故屯以下若蒙需訟師比諸卦皆以水坎之爲卦也後天之位居先天之坤而後天又與乾比連是爲天一生水故屯在乾坤之後其卦氣內卦主冬至其候爲水泉動水泉坎也動震也剛奇畫也柔耦畫也一索而得震長男是剛柔始交矣再索而得坎中男卽爲屯然坎險也故曰難生難者卽屯也難爲險阻之難非患難之難也故屯必以經綸濟之動乎險中動震也險坎也中者坎之陽爻在五得位也動乎險中則屯去矣卦辭曰元亨利貞今彖不言元而曰大曰亨曰貞葢屯之德不能盡元字建侯之初事屬草創不可猛進故不言利雷雨之動滿盈震爲雷坎爲雨動指震滿盈者坎爲水之象也天造草昧鄭氏玄曰造成也草草創昧昧爽也震爲木草之象坎爲水水色難分昧之

象草出地而尾屈水在地而性險皆屯象也故楮氏仲都曰雷雨滿盈釋亨也周氏宏正曰萬物盈滿則亨通也草昧之世雖立國家而未能安寧者因上坎坎爲勞卦故不寧也

象曰雷雨屯君子以經綸

中爻互坤坤爲布帛經綸象也經綱也綸目也此言建侯之時君子宜分別綱目以治理之也否則如治絲益紛屯象也

初九磐桓利居貞利建侯○象曰雖磐桓志行正也以貴下賤大得民也

初九變坤爲水地比䷇先後天同位之卦也凡易例遇先後天同位則其辭簡使人自悟且吉者居多磐說文无卽般磐桓進退之意屯也震錯巽巽爲進退凡陽卦變陰者多用錯亦易例也呂氏祖謙以磐桓卽是貞頗有見地與小象雖字亦合蓋時尙未至宜艱難貞固不宜急進也居卽隱居求志之意利建侯比之象曰先王以建萬國親諸侯坤

爲士又爲衆建侯之象也小象言志凡先後天同位志則同也行者下震震爲足又爲大塗行之象貴指陽爻言賤指陰爻言今初九陽變爲陰是以貴下賤也變坤坤爲民又爲得凡先後天同位亦得之象震爲侯與坤之民遇故曰得民大者指陽言爲人君者不自以爲貴而以民爲貴爲立國之大本

六二屯如邅如乘馬班如匪寇婚媾女子貞不字十年乃字〇象曰六二之難乘剛也十年乃字反常也

六二變兌爲水澤節☱☵如子夏傳云如辭也屯如難進之象邅如不進之象班如進退不决之象屯難也故難進邅顫也說文无邅字卽驙也上卦坎坎險也險則不進下卦震震爲作足之馬作足之馬兩足並舉者也班如相牽不進貌因震變爲兌兌爲毁折故有相牽不進之象乘鄭氏玄曰馬牝牡曰乘婚媾之象匪寇者外卦坎坎爲盜匪寇象也

婚媾者皆有相對相遇之意節之卦先後天同位也同位則相遇婚媾之象然其婚媾由變而來是不得其當也故曰匪寇婚媾女子貞不字節也節之彖曰苦節不可貞其道窮也與十年乃字之意通女子指中爻互坤言坤道成女故曰女子居坤之始不字之象十年者全卦之晝奇耦之數十故曰十年小象言難指上坎也卽彖難生之難也乘剛與震之六二小象同震之六二陰爻也今變爲陽爻故曰乘剛乘變也卽乾之時乘六龍以御天之乘也然與震之六二參攷之知此剛字指馬言也乘剛者猶言乘馬也凡易例言乘剛皆指陰爻言吝道也反常者言六三之變全卦之初九已過非震體也反而至初九復爲震體卽常是也常者指屯之常也

六三卽鹿无虞惟入于林中君子幾不如舍往吝○象曰卽鹿无虞以從禽也君子舍之往吝窮也

六三變離爲水火既濟☵×☲朱氏震曰艮爲黔喙震爲決躁鹿也此爻言鹿古今注者无人解明且多以鹿作麓字解矣變離夏季火司令也五月卦氣直日咸之九四爲鹿角解令畜鹿者皆知夏至後鹿角解鹿者獸中陰也夏至太陽始屈陰氣始升故解在屯之世鹿必較多庖犧氏觀鳥獸之文與地之宜而定此氣候格物之理大矣咸之九四爲水山蹇卽在坎上與中爻坎之中爲☵×卽就也卽鹿者就鹿而取其角也虞孔疏虞官也惟虞氏翻曰徒也林者震爲木林之象今變離離中虛无所得也言卽鹿无虞人爲之嚮導則迷道矣徒然入于林中而已屯之下震震爲大塗互坤坤爲迷迷道之象君子幾不如舍既濟象曰君子以思患而豫防之之意同幾者進退存亡之幾今變離而中爻變坎坎陷也是陷于林中可退而不可進可亡而不可存也雖坎離先後天皆屬對待之位本吉今中爻變坎以陷之故有此象然君子知之故

不如舍舍者止而不進也若往則有吝凡爻言往來彼我之稱或內外之象也

六四乘馬班如求婚媾往吉无不利○象曰求而往明也

六四變兌爲澤雷隨☱☳中爻互坤坤爲牝馬今變兌而中爻亦變艮艮止也馬不進也中爻又爲巽進退之象故曰班如隨之象動而說又九四隨有獲求婚媾之象也此爻後天卦位對待婚媾之象亦隨之象也又以下卦震與中爻之巽變卦兌與中爻之艮在先天卦位均爲對待故曰往吉无不利小象言明明者坎錯離也

九五屯其膏小貞吉大貞凶○象曰屯其膏施未光也

九五變坤爲地雷復☷☳上坎坎潤萬物今變坤坤爲土水已變土不能潤物矣故曰屯其膏大指陽爻言小指陰爻言今變坤而中爻又互坤故爻辭用兩貞字陽變陰故小貞吉陽已變陰陰之體仍陽也故大

貞凶小象曰施未光也施發也光者坤象之含弘光大坤文言之含萬物而化光之光也原坎坎陷也陷則雖施而未光也指其膏之不可用也凡易九居五爻多厲若先後天同位則否

上六乘馬班如泣血漣如○象曰泣血漣如何可長也

上六變巽爲風雷益╳䷩上卦坎坎陷也陷則不可進變巽巽爲進退故曰乘馬班如坎又爲血卦故泣血象漣者泣垂下之貌上六言屯之極上坎陷也下震木也木陷水中屯之至故小象曰何可長也長指震長男今變巽巽長女也坎已去可不長屯矣周公此爻爻辭言因而不言果者以先天卦位對待故也屯在乾坤之後故舉例獨詳以下各卦則從簡學者可由乾坤及屯之注而讀之全易自明矣

䷃蒙　坎下艮上　京氏房曰離宮四世卦

蒙昧也鄭氏玄曰蒙幼小之貌齊人謂萌爲蒙也　中爻互震互坤

上錯兌下錯離　綜屯

蒙亨匪我求童蒙童蒙求我初筮告再三瀆瀆則不告利貞

蒙卦坎下中男也艮上少男也中爻互震長男也互坤母也是三男從母與屯相似故綜屯上古之世知有母而不知有父卽蒙之時也其時地少水多故中爻互坤坤爲土雖有土而不如山之多上艮爲山山勢高出地上使人易見中爻又互震震爲木則草木已出地上之象也故干氏寶以蒙于消息爲正月卦爲物之穉也蒙下錯離象曰光射水上浮有一種之光天黎明時見之卽蒙氣是也故亨匪非也艮爲少男童蒙象也匪我求童蒙陸氏績曰六五陰爻在蒙暗時又體艮少男故曰童蒙筮占也再三形容誠也上艮艮止也故不告初筮則誠能見其幾若再三瀆則私意起而反惑矣言聖人教人之道亦誠而已无他道也瀆下坎水也中互坤項氏安世曰水土相雜則汨而成泥是瀆之象也

彖曰蒙山下有險險而止蒙蒙亨以亨行時中也匪我求童蒙童蒙求我志應也初筮告以剛中也再三瀆瀆則不告瀆蒙也蒙以養正聖功也

解闕佚

象曰山下出泉蒙君子以果行育德

艮爲山坎爲水泉之象山下出泉其水至清猶孩提之童性本善也果行者中爻互震震爲蕃鮮果之象又爲足行之象互坤坤爲母育之象德坤德也坤德以順爲主育德以順卽循序漸進之意故蒙之節在立春春者歲之始其候爲蟄蟲始振皆發愚之象也干氏寶曰蒙于消息爲正月卦也正月之時陽氣上達故屯爲物之始生蒙爲物之穉也

初六發蒙利用刑人用說桎梏以往吝○象曰利用刑人以正法也

初六變兌爲山澤損（䷨）損之象曰君子以懲忿窒欲意通發者泉之始發也其水最清不失坎之本體今變兌兌爲毀折刑人之象又兌說

也說同脫下坎坎爲桎梏在足曰桎在手曰梏因上艮中爻互震故也今變兌是脫桎梏也卽不用刑人之謂言君子能果行育德可以教治民不必以刑治民也因徒知用刑而不知教養之方則民不堪命吝之道也吝說文引孟氏喜說作遴行難也亦通此爻先天對待故曰往小象言法坎爲法律正者卦位對待也

九二包蒙吉納婦吉子克家○象曰子克家剛柔接也

九二變坤爲山地剝䷖包蓄也九二變坤則一陽居上九如天之覆幬包之象言師能包載萬物因材施教故吉納婦吉子克家此指周之家事坤母也又坤道成女如姜嫄生后稷太任生文王太姒生武王言娶婦之吉者生子能有母教也後吉字與前吉字意不同有子克家者因坎之先天爲坤今變坤則仍居先天之位坤爲家原卦坎艮中男少男也互震長男也故子象又艮爲門闕門之內家也小象言接剛中而

上下皆柔故曰接

六三勿用取女見金夫不有躬无攸利○象曰勿用取女行不順也

六三變巽爲山風蠱☶☴上艮艮止也故曰勿用互坤坤道成女故稱女後天之坤居先天之巽位耦也取女之象坤錯乾乾爲夫乾又爲金故曰金夫金剛也夫陽也亦剛也若女子无閨門之德而有金夫之行非順者也不有躬猶言不有坤失婦道之謂也變巽坤道已失是无母之德而具巽近利市三倍之心是失婦道也變巽爲蠱恐蠱而失節故曰无攸利小象言順順指坤言互坤本順也變巽如風之散不順象也

此言立教之本不可以利爲先務

六四困蒙吝○象曰困蒙之吝獨遠實也

六四變離爲火水未濟☲☵變離中爻亦變離離爲不育又爲害爲師者如教育无方是困蒙也小象言遠實山本實今變離離中虛遠山之

實也凡象言遠實皆指陰爻言各道也獨者王氏弼以陽處兩陰之間是也

六五童蒙吉○象曰童蒙之吉順以巽也

六五變巽爲風水渙䷺小象曰順以巽也五爻變巽故云又中爻互坤順也今變爲巽是順而善入童蒙得以養正故吉卦變渙渙者釋也釋爲訓蒙之要道

上九擊蒙不利爲寇利禦寇○象曰利用禦寇上下順也

上九變坤爲地水師䷆此爻先後天同位之卦也擊王氏肅曰治也卽朴作教刑之意上艮艮爲手擊之象寇害也下坎坎爲盜盜卽寇艮上止之故不利爲寇利禦寇凡童蒙學不長進卽爲寇之意若徒擊之而不敎仍不能遏其致寇之由故不利禦之法在艮因艮爲狗狗主守禦者也狗之性外剛能止物而內柔教人之法盡矣小象云上下順也

變坤爲順因上卦之坤在後天爲坎下卦之坎在先天爲坤故曰上下順也此言師能善教則童蒙必能啓發无往而不順也

䷄需　乾下坎上　京氏房曰坤宮遊魂卦

需待也　中爻互兌互離　上錯離下錯坤　綜訟

需有孚光亨貞吉利涉大川

序卦曰需者飲食之道也人之所需飲食爲急故以爲飲食之道也屯作之君蒙立之師進之以需卽古者分田制度使斯民耕鑿得以飽食而已故中爻互兌兌爲口互離離爲腹口腹飲食之具也有孚信也鳥伏卵之象易例陽爻居二五稱孚此卦上坎坎之卦辭曰習坎有孚坎中滿故有孚光亨蘇氏軾曰光者物之神也本關氏子明言按光爲物之神實指離言亨者卽離之亨也蓋人類旣生不能不有飲食以養之養者何水火而已矣利涉大川易言此者有九然意各不同其義須演

卦體而定此卦乾健而坎兌兩水需之故利涉大川房氏審權義海引
何晏註大川大難也能以信而待故可移涉蓋中爻互坎坎險也下乾
大也利涉卽出險之意
彖曰需須也險在前也剛健而不陷其義不困窮矣需有孚光亨貞吉位
乎天位以正中也利涉大川往有功也
險在前因坎爲險坎卦在上故曰在前剛健而不陷剛健乾之性也乾
在下而不輕進需時而動故不陷其義不困窮矣此矣字讚美之辭言
可利涉大川以出險也位指得位也九五爲坎之正位又爲乾之正位
天位下乾故稱天位以正中也九五陽爻爲正中往有功也往進也進
而出險故有功需本九五得位不曰中正而曰正中者因中與功叶韻
象曰雲上於天需君子以飲食宴樂
陰陽和而後雨澤降坎水也水氣上升爲雲天一生水將雨之候需之

時也飲食下互兌兌口也口能飲食宴樂者乾陽舒兌說也故宴樂項

氏安世曰飲食宴樂需客之具也古語燕客爲需今人謂之待客亦此

意也

初九需于郊利用恆无咎○象曰需于郊不犯難行也利用恆无咎未失

常也

初九變巽爲水風井䷯小象曰不犯難行也爲此爻之要旨上坎坎

爲險難也邦无道難行也君子知幾而不犯之方得需之常道乾爲郊

需于郊卽井之改邑不改井意世亂隱居于郊以待時合之乾之初九

潛龍勿用井之初六井泥不食均有需時之象君子當此之際守之以

恆以待時方能免于難恆常也不危言危行素位而行之意

九二需于沙小有言終吉○象曰需于沙衍其中也雖小有言以吉終也

九二變離爲水火旣濟䷾此爻先後天對待之卦也事雖凶而君子

知幾故終吉先天卦位始于乾後天卦位終于離故曰終互兌兌澤也
沙澤畔也今變離則互變坎坎險也上坎互坎險之至也互兌兌爲口
言之象兌變坎坎爲隱伏小少也小有言者卽至人无言之意因兌口
在坎隱伏之中非不言也愼言也故小象以雖字釋之衍其中也衍作
重字解變離則上坎互坎兩坎故曰衍中者九二位也

九三需于泥致寇至○象曰需于泥災在外也自我致寇敬愼不敗也

九三變兌爲水澤節䷻上坎坎爲水變兌兌爲澤亦水象變兌而中
爻亦變艮艮止也止于水使水不至泥之象此爻先後天同位之卦先
天之坎卽後天之兌今兌居內而坎居外是以兌致坎至也坎爲盜盜
卽寇致寇至卽致坎至也卦雖同位而其德則非志同道合者也且兌
由變而來其體至微稍或不愼則外患乘之此言小人道長之時君子
當隱若與之爲伍則身敗名裂故小象曰自我致寇者也災在外也言

寇在外卦也敬愼不敗也需之九三即乾之九三若人在需時能如乾之惕則敬愼之至是能不敗

六四需于血出自穴○象曰需于血順以聽也

六四變兌爲澤天夬☱☰上坎坎爲血卦又爲隱伏穴象也變兌兌爲毀折穴毀折出之象小象曰順以聽也順者先天卦位乾一兌二順也後天卦位乾六兌七亦順也一六二七合變化之大用惜學者未能明此理耳故夬之象曰利有攸往剛長乃終也因夬三月卦也一變而爲純乾四月卦也聽聽也坎爲耳痛聽不聽也又坎爲血卦耳中血隱伏穴也故痛兌爲毀折出血象也血出則復聽是順以聽也

九五需于酒食貞吉○象曰酒食貞吉以中正也

九五變坤爲地天泰☷☰泰卦之意取養人而已此爻互離離其于人也爲大腹大腹能容酒食者也又互兌兌口也酒食需口者也變坤爲

先天對待之卦賓主有禮之象也故貞吉小象曰以中正也易凡先天對待之卦二五爻莫不中正學者識諸九居五爻多厲此爻先天對待故貞吉

上六入于穴有不速之客三人來敬之終吉○象曰不速之客來敬之終吉雖不當位未大失也

上六變巽爲風天大畜䷙上卦坎坎爲隱伏穴象也變巽巽入也故入于穴速馬氏融曰召也有義未合因巽爲進退不速象也上互離離數三故曰三人因上六卦位已出互卦之外故曰客小象言終上六居卦之末故曰終此爻後天對待之卦也故雖不當位未大失也

䷅訟　坎下乾上　京氏房曰離宮遊魂卦

訟爭辯也鄭氏玄曰辯財曰訟于義亦狹蓋人生有所商權之事皆可以訟目之　中爻互離互巽　上錯坤下錯離　綜需

訟有孚窒惕中吉終凶利見大人不利涉大川

人類既繁機變日出於是黠者日以智巧欺人而訟生焉下坎坎險也坎爲訟之人坎之卦辭習坎有孚孚者信也信則訟不敗乾剛也剛則不折不斷且能折斷他物爲聽訟之人故聽訟曰折獄曰斷獄皆由訟卦之乾而來也窒正義塞也塞思通指坎言惕懼也懼則无咎指乾言聽訟者以公明爲心常懷憂懼之念孔子曰必也使无訟乎深得訟卦之意中吉中爻合爲家人家人一家之人也一家之人以情相感不以法相制言和事之人也使无訟故吉終凶上九終也居剛之極下坎陷也陷于剛凶之象利見大人者說見乾之二五爻因互離離爲目麗也故曰利見所謂大人者能斷枉直不失情理者也不利涉大川坎爲水川之象互巽巽爲風不利涉大川者因坎險已出不宜再入險也言枉直已斷不宜再進者也

彖曰訟上剛下險險而健訟訟有孚窒惕中吉剛來而得中也終凶訟不可成也利見大人尚中正也不利涉大川入于淵也

剛乾也險坎也訟不可成是无訟也故訟之吉凶无訟爲吉訟爲凶尚中正也九五陽爻得位故曰中正入于淵也乾在上乾之九四或躍在淵以象訟之險也

象曰天與水違行訟君子以作事謀始

天乾也水坎也違卽先天而天不違之違也先天乾一坎六後天坎一乾六是違行也事者坎之象曰習教事始者乾知大始又曰乾始能以美利利天下之始也違行則訟之釁啓若君子作事能謀慮其始則不紊不亂訟无由生焉始按之卦理先天以乾爲始後天以坎爲始指訟卦全體言也項氏安世曰作又屬乾謀又屬坎

初六不永所事小有言終吉〇象曰不永所事訟不可長也雖小有言其

辯明也

初六變兌爲天澤履䷉又變兌兌爲口言之象小有言見需之九二永水流不已也不永者坎已變是水已塞卽卦辭窒之象也窒則不能含忍而訟端啓矣所事卽訟事也然在聽訟者能片言折獄不被稽留得大人之度故終吉小象言永永卽長也曰辯兌爲口故辯曰明互離離爲目爲日爲電故明

九二不克訟歸而逋其邑人三百戶无眚○象曰不克訟歸逋竄也自下訟上患至掇也

九二變坤爲天地否䷋克勝也不勝而還故曰歸逋逃避也故小象言竄亦逃也變坤坤爲邑互離離數三乾爲百故曰三百變坤中爻互變艮艮爲門戶之象以三百戶言之指邑之至小者也鄭氏玄周官注小國之下大夫采地方一成其定稅三百家故三百戶也眚子夏傳妖

祥曰眚坎爲多眚今變爲坤坤順也不因其人之訟累及他人故无眚
小象曰自下訟上指先天對待卦位而言也掇王氏肅曰若以手拾掇
物然言患之必至也此言罪无連坐也
六三食舊德貞厲終吉或從王事无成○象曰食舊德從上吉也
六三變巽爲天風姤☴✕☵坎險也訟險事也今變巽則風以散之使訟
者歸于不訟後天之坎卽先天之坤故曰舊坤順也故曰德巽錯兌口
象故曰食言含忍不訟以食坤舊日之順德故貞厲終吉謂此爻後天
對待之卦也且厲爲憂懼之心艱之至也凡易以艱爲吉或者巽爲進
退或進或退之象乾爲王王大也指九五之位也或從王事无成與坤
之六三或從王事无成有終相似讀此可悟先天之坤卽後天之坎之
理乾巽對待從之象後天乾居艮位今无艮故无成參見坤之六三解
小象言從上從王也指九五之位也

九四不克訟復卽命渝安貞吉○象曰復卽命渝安貞不失也

九四變巽爲風水渙䷺復反也中爻互巽今又變巽是兩巽也言所變之巽復卽巽也巽之象曰重巽以申命卽就也卽命猶言復爲巽也以巽叢巽復道也虞氏翻曰變而成巽巽爲命令故復卽命是也渝馬氏融曰變也巽爲進退又爲不果象也安貞者安於正也故吉小象曰不失因互巽而又變巽不失巽之常也

九五訟元吉○象曰訟元吉以中正也

九五變離爲火水未濟䷿此先後天皆對待之卦也故有果而无因待學者自悟耳變離離爲目爲利見大人之兆言斷獄者能衡其平而使无訟者也故曰元吉未濟六五曰貞吉意通曰元曰貞陰陽之別也未濟六五之變卽訟乾六坎一適合生成之數貞也

上九或錫之鞶帶終朝三褫之○象曰以訟受服亦不足敬也

上九變兌爲澤水困䷮鞶馬氏融曰大也鞶帶大帶服也帶圓形乾之象錫賞賚也下互離離數三離爲日朝象也上九去離已遠故曰終朝褫王氏肅曰解也三褫者離互而兌變之象也乾爲衣變兌兌爲毀折褫之象困之九二朱紱方來九五困于朱紱鞶帶亦朱紱之類也小象之服服卽命服也亦字合六三觀之意自得

䷆師　坎下坤上　先後天同位之卦也　京氏房曰坎宮歸魂卦凡歸魂皆先後天同位

師雜卦師憂言佳兵不祥也師衆也非人衆也乃衆心一德可免于險之謂也　中爻互震互坤　上錯乾下錯離　綜比

師貞丈人吉无咎

馬氏融曰二千五百人爲師因坎中有癸癸數十而地數終于十兩者皆數之極也相因爲百所謂師者合天數五地數五五五二十有五以

百因之得二千五百人是成數之最衆者也因天地生成之數莫盛于水故以之象師之衆貞者水之德也丈人或以爲老成之謂至漢儒改大人與卦理坤坎成師之意悖矣坤先天之數八坎後天之數一坤坎同位是爲合度人至九尺始合身度讀孟子曹交問一節知古人于身度審辨頗詳曹交言文王十尺坎中有癸癸數十十尺爲丈丈人以身度之長喩德能長人者也師者合先後天同居一位言之是狀其同心合力也師居訟後蓋訟不足以服人故繼之以師用師者聖人不得已之舉也故雖毒天下然有時人心從之以爲衞衆之具所謂撫我后虐我仇是也然細繹卦辭蓋有不足之意朱氏震引歸藏小畜其丈人解亦誤王氏弼陸氏績均作丈人李氏鼎祚譏其學不師古違於經旨誤也

彖曰師衆也貞正也能以衆正可以王矣剛中以應行險以順以此毒天

下而民從之吉又何咎矣
陽爻居九二之位故曰剛中師爲坎宮之歸魂然有坎而居坎應也孔子嘗謂軍旅之事未之學也是直以兵爲不祥之物今彖言能以衆正可以王矣易用矣字甚少惟此卦彖辭用兩矣字其意若猶有貶辭也衆正而王惟文王之德可以能之以用也言能左右天下也坎險也坤順也毒干氏寶曰荼苦也蓋兵者凶器也故曰毒其毒不獨禍及一人一家而已勢必播及天下故曰毒天下而民從之者以師之力使民從之以力服人而已非心服也故又重言以申明之吉又何咎矣是孔子作彖之時若知後世黠者借兵以毒天下而猶自以爲正衆故反覆比喻曰能以曰可以皆用一種未確定之辭表而出之吉則吉矣而下又加以又何咎矣四字蓋言師能以衆正則吉毒天下則咎此彖明聖人不得已而用之之意

象曰地中有水師君子以容民畜衆

坤地也坎水也地中有水如江湖河海匯合地中容畜之象也又坤爲衆爲民如彼窮兵黷武逞一己之私欲焉知養民又烏能得衆哉直殃民禍衆而已

初六師出以律否臧凶○象曰師出以律失律凶也

初六變兌爲地澤臨䷒又律法也坎爲法律師之律在不擾人民安寧國家載在兵法軍政能守其律所謂節制之師是也出者卦之初爻言也否臧兩字注易者均未解定史氏徵曰否破敗也臧有功也若其失律違法雖見獲功徒勞而已故否之與臧皆有凶也爲諸家注釋中最著者也在左氏傳宣十二年晉楚戰于邲知莊子解此爻最詳其言曰執事順成爲臧逆爲否又曰否藏且律竭也盖竭者敗也坎變爲兌兌爲毀折是法敗之象又曰不行之謂臨有師而不從臨孰甚焉因澤爲

水之瀦與川之流行不同今坎變兌是由行者而變爲不行也故小象以失律釋之此言治兵之大綱

九二在師中吉无咎王三錫命○象曰在師中吉承天寵也王三錫命懷萬邦也

九二變坤爲純坤䷁䷆師爲先後天同位之卦本吉故曰吉中指九二爻也九二爲中今中變爲純陰坤復本位仍在師中以先後天卦位合觀之坤卽坎也坎卽坤也故曰无咎至此則九二正文已完再用錯以象之王三錫命一句錯象也師錯同人䷌乾爲王離數三中爻互巽巽爲申命故曰王三錫命小象言承天寵也在在師中吉之下是以師錯同人而言也承者承錯而言之也天乾也寵卽錫命也爲因錯而得天寵也懷萬邦也本師卦之正文今在王三錫命之下是以同人之錯解師也懷保也爲師之本旨坤厚載物又爲地爲衆萬邦之象此言將

兵之道

六三師或輿尸凶○象曰師或輿尸大无功也

六三變巽爲地風升☷☴變巽巽爲進退或之謂也輿尸石氏介謂輿衆也尸主也後世多宗之虞氏翻以坎爲車多眚又以坤爲尸作尸在車上解朱子謂師徒撓敗輿尸而歸實本虞氏之意與六五弟子輿尸不合因巽之九三爲頻巽頻者不定紛擾之象此爻變巽言將兵者事權不一將不用命之意輿尸者衆人爲主而无專主也故曰或或之者他人也小象曰大无功也三多凶五多功今三去五尚遠故无功大易例陽大陰小今爻變陽大也然究爲變爻雖大亦无功也此言用將勿疑

六四師左次无咎○象曰左次无咎未失常也

六四變震爲雷水解☳☵古人尚右故右升右降左次本凶今曰无咎

者卦理爲之也左氏傳云吾左還入于宋若我何意同因後天卦位震
在坎左次二月之卦陽氣始動生氣勃發雖互坎有險卦變爲解動而
免于險无咎且五行之理坎水能生震木可使險者化而爲夷故亦无
咎小象曰未失常也言未失卦理之常也此言戰術

六五田有禽利執言无咎長子帥師弟子輿尸貞凶○象曰長子帥師以
中行也弟子輿尸使不當也

六五變坎爲習坎䷜田荀氏爽曰獵也上坤坤爲地田象言獵于田
之上故曰田今變坎坎爲禽田有禽也變坎中爻互變艮艮爲手執之
象獲之也言聲討之詞執言者今人謂之仗義執言是也六五變坎則
五爻爲乾之正位乾屬金故曰利謂田有禽而獵之者恐其害稼禾也
國无道而討之者恐其害人類也雖興師動衆故无咎長子指中爻互
震震爲長男也弟子指變坎坎爲中男也坎者震之弟也故曰弟子言

軍旅之事以專爲貴若使長子帥師任事又以弟子輿尸其間則兩不相谷雖貞亦凶因變坎下坎坎其於人也爲加憂多疑之象有二坎是二人互相猜忌故凶小象曰以中行也長子自二至四今五爻變而中爻不變故曰以中行也弟子指變坎以陰變陽則二爻之應以動故曰使不當也此爻言將將之道

上六大君有命開國承家小人勿用○象曰大君有命以正功也小人勿用必亂邦也

上六變艮爲山水蒙✕䷆師錯同人乾爲君又爲天巽爲命故曰大君有命有命有天命也大君者易例上爲宗廟卽已死之君故尊之曰大若文王當時猶未翦商有君之德而无君之位宜受命於天也以錯之象言之若詩之興比之意上坤坤爲邑國之象變艮艮爲門闕門闕之內家之象又坤爲母主家事之人也曰開曰承因艮爲手之象也小人

者卦多陰爻故也今變艮艮以止之艮坎皆屬陽卦陽剛上振能止小人而勿用也小象言正功言大君能正征伐之功也言亂邦與九二之懷邦相反小人必亂邦故以征伐聲討其罪而已此言師之終

䷇比　坤下坎上　先後天同位之卦也　京氏房曰坤宮歸魂卦

比說文密也先後天同位密之至歸魂也　中爻互坤互艮　上錯離

下錯乾　綜師

比吉原筮元永貞不寧方來後夫凶

子夏傳曰地得水而柔水得地而流比之象也然卦理雖未明言學者悟此得字然後可知比之本旨比者何先後天同位也先後天同位有相親相連之意故吉原者再審也禮曰未有原是也原筮再筮之意元指先天卦位言也上坎卽先天之坤故曰元永貞者指坤言坤順也故永貞不寧者坎險也方者坤爲地其德方不寧方來言坎由坤而來也

後指後天卦位也在後天坎居坤位坎爲中男夫之象夫者男子之通
稱蓋順化爲險故凶
彖曰比吉也比輔也下順從也原筮元永貞无咎以剛中也不寧方來上
下應也後夫凶其道窮也
先天主也後天輔也坎居坤位輔也輔卽羣之意言人有羣可禦外侮
也順坤也下順從也者坤在下而坎從之故曰比吉也九五陽爻爲剛
中後夫凶言坎之險也
象曰地上有水比先王以建萬國親諸侯
地坤也水坎也坎之象曰設險以守國比卦下坤互坤坤爲土又爲邑
又中爻互艮艮爲手建之象先後天同位親之象九五陽爻統率羣陰
王之象五陰諸侯也比繼師之後其時天下粗安人類日繁不得不思
自衞之法於是各以聰明智力人與地爭建萬國以治之是也比四月

卦也古者封諸侯以夏故有此象見白虎通

初六有孚比之无咎有孚盈缶終來有佗吉○象曰比之初六有佗吉也

初六變震爲水雷屯☵☳又有孚有坎也坎之卦辭習坎有孚有孚比之者言坎比坤也之語助辭卽坤也坎坤先後天同位故无咎有孚盈缶初六變震先天卦位坤震相比且中爻互坤坤坎先後天仍同位則坎仍不變故重言有孚變震震仰盂缶象缶中有孚卽缶中有水也盈水滿也缶鄭氏𠫔爲爻辰在未上值東井井之水人所汲用缶缶汲器也鄭氏爻辰之說其法至簡如子初九爻丑六四爻寅九二爻卯六五爻辰九三爻巳上六爻午九四爻未初六爻申九五爻酉六二爻戌上九爻亥六三爻上值東井因未宮鶉首有井宿故也爻辰與納甲不同學者不可混而爲一易之用爻辰言天文也非爻爻如此此爲學者不可不知也坤以未爲初六爻辰因坤中有未也坤始于未而終于巳故曰終來有佗來者變也佗古蛇字有佗者爲

言有巳也陰卦爻辰未之上有巳巳蛇也古時草萊初闢蛇之類多人懼之相見必問有佗否實屯之時也陰卦之爻辰未比巳始于未終于巳首尾相續故吉

六二比之自內貞吉○象曰比之自內不自失也

六二變坎爲習坎䷜變坎內卦與外卦同比之象故曰比之自內自內者其比由內卦而來也貞者凡內卦爲貞吉比吉也且二五爻相應而中爻互艮又與後天之坎位相比皆吉兆也小象曰不自失也言變坎仍不失比之道也

六三比之匪人○象曰比之匪人不亦傷乎

六三變艮爲水山蹇䷦匪人馬氏融曰匪非也後天卦位坎艮比連艮爲閽寺宦官所居卽匪人也小象曰不亦傷乎變艮則中爻所互之艮亦變坎坎爲血卦傷則有血

六四外比之貞吉〇象曰外比于賢以從上也

六四變兌爲澤地萃☱☷外外卦也外比之言外卦比坤也之卽坤也後天卦位坤兌相比變兌中爻互亦變爲巽巽與坤先後天同位比也中爻互又變爲艮艮與坎又相比也外卦悔也今曰貞因上近九五九五有德位可以親之故貞比則吉小象曰以從上也猶言從上之九五也

九五顯比王用三驅失前禽邑人不誡吉〇象曰顯比之吉位正中也舍逆取順失前禽也邑上不誡上使中也

九五變坤爲純坤☷☷坤與坎先後天同位比也坤與坤遇亦比也中爻互艮先天卦位坤與艮比後天卦位艮與坎比互艮艮爲山高出坤地之上顯之象五爲乾之正位故曰王用者艮止也勿用之象今艮己變故曰用坎錯離離數三沈氏該以後天數坤二坎一爲三亦通坎爲

與坤爲馬與從馬驅之象坎爲禽前指未變言易例未變爲前旣變爲
後坎已變是失前禽也坤爲邑又爲衆人也互艮艮止之不也不誡者
言前禽已失而王不責備邑人寬大容衆故吉小象言位正中也位者
九五坎之正位也舍逆取順舍者指卦之將變也取者指卦之已變也
逆者後天比先天也順者坤比坤也言變坎而得坤失前禽之象使中
者言九五陽爻居中位能使羣陰也

上六比之无首凶〇象曰比之无首无所終也

上六變巽爲風地觀䷓易例上爲首乾之用九見羣龍无首吉是陽
變陰也今陰變陽究陰體也陰而无首故凶故荀氏爽曰陽欲无首陰
以大終陰而无首不以大終故凶也因先天之巽卽後天之坤比也小
象言終者坤道也先天終于坤今坤與巽比非終也故曰无所終也

䷈小畜　乾下巽上　後天對待之卦位也　京氏房曰巽宮一世卦

小畜小陰也畜者說文聚也　中爻互兑互離　上錯震下錯坤　綜履

小畜亨密雲不雨自我西郊

小畜之爲卦也在先天卦位巽與乾鄰中爻互離離即先天之乾也在後天卦位離與巽鄰且後天卦位乾巽對待皆聚之意中爻互兑在後天卦位兑又與乾鄰聚之至也亨指中爻互離言密者亦聚也兑爲澤澤氣上升而成雲雲騰雨致乃乾陽旣盛中爻之離又爲日日出而雨止不雨之象且巽風也巽居先天西南隅凡風自西而東多不雨自者風所自來也我者文王自謂也中爻互兑兑西方也岐周在殷之西方郊乾爲郊故曰西郊此文王演易羑里之時也

彖曰小畜柔得位而上下應之曰小畜健而巽剛中而志行乃亨密雲不雨尙往也自我西郊施未行也

柔巽也六四爲巽之正位故曰柔得位言上下卽乾巽也健乾也曰志
行卽乾巽對待也尙往也言雲行而雨不施當此之時君子雖畜德已
極然時尙未至當效乾之自彊不息日以進德修業而已施未行也施
發也中爻互離離爲火施者火之發也未行者其氣猶未上升也
象曰風行天上小畜君子以懿文德
巽風也乾天也懿美也乾有元亨利貞之四德巽者萬物之潔齊也皆
美德也中爻互兌兌爲口言之所自出言者身之文也又互離離麗也
如日月麗乎天草木麗乎地文也小畜之時洪水已平虎豹犀象已遠
民得生聚修美文德也
初九復自道何其咎吉○象曰復自道其義吉也
初九變巽爲重巽☴☴後天乾巽對待之卦也復者乾變巽復上卦之
巽而返於本位自指本位之巽言道卽一陰一陽也復則卦氣叢咎也

然乾巽對待其義相通雖咎猶吉也易言義皆指乾乾屬金義也

九二牽復吉〇象曰牽復在中亦不自失也

九二變離爲風火家人䷤史氏徵曰牽復吉牽挽相連也深合爻義上巽巽爲繩直牽之象離後天之位與巽相連牽也今變離與互之離又相連牽也上卦巽在後天居先天兌之位牽也後天之位乾兌相連牽也變坎在後天與乾相連牽也今變離後天之離卽先天之乾不獨相牽且復位也凡卦相關皆吉兆也小象言中中指二爻也亦者承上文而言之也相牽則不失

九三輿說輻夫妻反目〇象曰夫妻反目不能正室也

九三變兌爲風澤中孚䷼變兌則大象象離離其於人也爲大腹乾錯坤坤爲輿大腹能容物亦輿象也今變兌兌爲毁折又兌說也說同脫輿遭毁折是不可行也因中爻互變艮艮止也又互變震震動也止

于動則輿之毁折可知矣輻者鄭氏玄曰輿下縛木與軸相連鈎心之木是也孟氏喜曰軸縛也輿之行在軸上巽巽爲不果言輿說軸不可行也巽爲多白眼大象象離離又目也下乾夫也乾錯坤妻也今變兌兌說也夫婦本和睦也變兌而中爻互變艮艮止也止于說不睦也夫妻均有目故曰反目小象曰不能正室也正者反之對也小畜之卦乾下陽也巽上長女也中互兌少女也互離中女也由乾至比皆陽卦用事至小畜方一陰用事雖陽多陰少然綜核卦理是一陽而統三女而陽又在下不能正室也此正字與家人卦之諸正字相應此爻言因而不言果因先後天同位之卦故也

六四有孚血去惕出无咎〇象曰有孚惕出上合志也

六四變乾爲純乾䷀中爻互離離錯坎坎之卦辭曰習坎有孚又坎爲血卦今變乾則血已去惕懼也乾之九三夕惕若今變在四爻在三

之上故曰出巽爲風蟲之所自出也血不行則蟲生而成癰疽醫者治之血去則愈愈則惕出也小象曰上合志也上指巽上言今變乾則上巽與下乾合志者心意相同之謂也

九五有孚攣如富以其鄰○象曰有孚攣如不獨富也

九五變艮爲山天大畜䷙中爻互坎坎有孚象攣馬氏融曰連也變艮爲手故攣如象大畜者富之意以虞氏翻曰及也凡事能左右之曰以大畜爲先後天同位之卦其象曰剛健篤實輝光日新其德富之象鄰者因先天卦位乾與巽離與震相比鄰也變艮中爻互變震後天卦位艮與震乾與兌皆相比鄰也此爻正卦互卦變卦皆相連固結言能及於比鄰也小象曰不獨富也富及左右故曰不獨此言君子博施濟衆體仁利物之至意

上九既雨既處尚德載婦貞厲月幾望君子征凶○象曰既雨既處德積

載也君子征凶有所疑也

上九變坎爲水天需☵☰變坎坎爲雨又水在天上亦雨之象處止也

雨霽也巽爲風風以散之雨止之象因雨多則淫雨少則旱既雨既處

雨時若也尙德載坎其於輿也爲多眚尙同上德卽乾之德也言乾之

德上而載於輿也人之積德如輿之載物也積德在誠坎中滿故誠載

物忌盈盈則有眚巽長女婦之象然陽變陰貞而能厲言爲婦者當謹

貞道不可忘厲也否則陰凝于陽矣幾近也望者月之十五也言畜之

極也坎爲月互離爲日月受日之光以爲光至望將由盈而虛征進也

君子知盈虛之理守而不進如既雨既處又如婦之貞厲方合畜之道

否則有凶小象曰有所疑也因坎爲加憂疑之象

☰☱履　兌下乾上　京氏房曰艮宮五世卦

履踐履也　中爻互離互巽　上錯坤下錯艮　綜小畜

履虎尾不咥人亨

八卦兌爲至柔乾爲至剛以柔躡于乾剛之後故曰履沈氏起元曰虎于說卦乾兌皆未之及據此卦彖傳之文明以乾爲虎諸家以兌西方爲虎支矣邵氏補象乾爲虎又離爲虎荀九家艮爲虎因艮主寅虎寅獸按虞氏翻逸象坤爲虎其說出京房之坤爲虎刑此虎刑非虎也坤主申對宮之艮主寅寅申刑也以虎刑兩字察之則虎當主寅是艮爲虎矣故履爲艮宮五世卦也然履卦无艮可知履之虎表而出之者非艮也陸氏績以兌陽爻稱虎其實非也因兌西方之卦上應七宿奎婁胃昴畢觜參此七星太白主之南首而北尾成虎形是爲白虎七宿奎象白虎婁胃昴虎三子也畢象虎口觜虎首參虎身也是兌之爲虎乃爻辰直宿也如乾爲龍震亦爲龍震之爲龍卽爻辰值宿也如乾爲馬坤亦爲馬震亦爲馬坎亦爲馬以此推之則艮爲虎何嘗不可以兌爲

虎履之虎乃兌之虎及艮之虎也又乾爲首兌爲少女尾也因其位最
卑猶尾也獸交曰尾虎尾非虎之尾乃虎之交尾也咥馬氏融作齕鄭
氏玄曰齧也意通虎咥人者也今虎尾故不咥人兌錯艮艮陽虎也兌
之陰虎悅而應艮之陽虎是兌艮相錯有咸道也尾者少男少女象也
陰陽相應而悅雖見人亦不咥故亨亨指互離言也
彖曰履柔履剛也說而應乎乾是以履虎尾不咥人亨剛中正履帝位而
不疚光明也
兌至柔也乾至剛也虎性猛故剛然在交尾時則至柔說而應乎乾兌
說也乾九三變爲履故曰應乎乾是以下體之兌應上體之乾若蒙之
志應師之剛中而應是也履而見虎危也然所見爲虎尾十一月虎始
交其交也以時所謂應乎乾是應乎天時也解易者以乾象虎非也剛
中正言乾在上陽居九五之位得中正之道帝位者卽乾之得正位也

疚病也光明中爻互離故光明象

象曰上天下澤履君子以辯上下定民志

天乾也澤兌也澤氣上通八卦自始至終可以辯上下也先天乾一兌二後天乾六兌七皆上下也辯兌爲口之象也巽爲不果疑之象定者去其疑也蓋履者人之所履也卽躬行實踐之謂是无所謂疑也乾在上夫乾天下之至健也至健則自强不息固无一毫私欲存于其間則疑自闕矣當履之時邦國之利病已知法度粗具使人民得遵守之則有上下可辯其志能定矣

初九素履往无咎○象曰素履之往獨行願也

初九變坎爲天水訟䷅訟不利涉大川出險而不復入險之意往者進也无咎因善履于初危而无咎坎色白故曰素小象曰獨行願也願與志同此爻先後天同位故志相同獨行願者卽獨行其志之義

九二履道坦坦幽人貞吉○象曰幽人貞吉中不自亂也
九二變震爲天雷无妄䷘互卦爲離離又錯坎坎神離鬼故以幽人
象之幽人者遯世无悶之士變震震爲大塗故曰坦坦坦坦平易之象
變震中爻互變艮思不出位之象故能守貞小象曰中不自亂也九二
位居中故曰中亂者離爲目目炫故亂變艮艮止也止其炫故不亂
六三眇能視跛能履履虎尾咥人凶武人爲于大君○象曰眇能視不足
以有明也跛能履不足以與行也咥人之凶位不當也武人爲于大君志
剛也
六三變乾爲純乾䷀互巽巽爲多白眼眇之象互離離爲目今變乾
乾健也離目健是眇之能視也互巽巽爲股下兌兌爲毀折故曰跛然
巽爲進退股能進退是能履也履虎尾咥人凶變兌則虎尾已畢兌之
虎變而爲乾健之至也動物之巨者知羞象交尾人或見之必自殺虎

交尾畢人見之必咥人猶武人爲于大君見君失德如見虎尾也諫而不聽則爲君者生羞惡之心又懼其兵諫也必殺之而後已如虎之咥人也蓋兌變乾與上乾之體敵武人志剛而无顧慮之思一意猛進君有不善豈能委屈求全容君之過哉因互離離爲甲冑兵戈武之象三居人位故曰武人乾爲君乾大也故曰大君小象之言以眇雖能視而終不明跛雖能履而終不行咥人之凶謂人自蹈危禍于虎何尤焉武人爲于大君是血氣之勇而已矣因變純乾復于本位志雖同憑一時之剛亦不可也

九四履虎尾愬愬終吉○象曰愬愬終吉志行也

九四變巽爲風澤中孚䷼先後天同位故終吉小象言志志者心意同也此指先後天同位也中孚信也如鳥之孚卵皆如期而不失其信也中孚値候在十一月虎始交亦在十一月中孚卦氣在虎交候前十

日蹇値候爲虎始交十日後爲中孚是中孚猶在虎交時也凡卦初爻爲尾九四亦乾之初爻也故重言履虎尾愬愬子夏傳曰恐懼貌四多懼故曰愬愬防恐之至也中爻互變震震動也行之象變艮艮止也止者虎尾畢也愬愬其尾時遠而避之其險自免

九五夬履貞厲○象曰夬履貞厲位正當也

九五變離爲火澤睽䷥履卦上下相易卽夬夬者決也然在夬時則可夬履者恐懼之至也若在履而爲夬之行則不可如見君之不善主張太過諫君而死雖貞亦厲變離離明也而互變坎坎險也明而險比干似之小象曰位正當也乾之正位在五故曰位正當卽中之謂也

上九視履考祥其旋元吉○象曰元吉在上大有慶也

上九變兌爲麗澤䷹兌復本位故曰元吉中互離離爲目視象視其人所履之終則貞德自見考成也祥從羊變兌故也上乾乾爲天天能

降祥也旋反也其指卦言言反而與下兌比也小象曰大有慶也大乾也有慶變兌兌說也慶之象

周易易解卷二終

周易易解卷三

錢塘沈紹勳撰

䷊泰　乾下坤上　先天對待之卦也交京氏房曰坤宮三世卦

泰馬氏融曰大也鄭氏玄曰通也正月之卦也先天乾坤正位之始終是乾在上坤在下也今泰者天處地位地處天位是三陽與三陰交三陰與三陽交也今俗謂之天氣下降地氣上升惟泰而已　中爻互兌互震　錯否　綜否

泰小往大來吉亨

內卦爲貞曰下曰內曰來外卦爲悔曰上曰外曰往今泰之卦體以合先天之位內卦本坤也坤陰也小也今乾居之是三陰與三陽交是來者乃乾之大陽也外卦本乾也乾陽也大也今坤居之是三陽與三陰交是往者乃坤之小陰也泰否二卦天地交不交之卦也天地之交即

陰陽之交也泰爲正月卦其卦體與先天卦位无一不陽與陰過陰與
陽過是通之至也否爲七月卦其卦體與先天卦位乾仍爲乾坤仍爲
坤是閉塞之至也泰否言包者有三細繹包字可悟物在天地之中由
包而消長中庸所謂天之所覆地之所載是也蜀才曰天氣下地氣上
陰陽交萬物通故吉亨
彖曰泰小往大來吉亨則是天地交而萬物通也上下交而其志同也內
陽而外陰內健而外順內君子而外小人君子道長小人道消也
天地交指乾居坤位坤居乾位萬物通者言乾坤旣交六卦則无一不
交是艮居兌位坎居離位巽居震位震居巽位離居坎位兌居艮位是
各卦之氣皆通故曰萬物通也乾上坤下先天之體今坤上乾下泰卦
之用觀泰之交仍在乾坤之中故曰其志同也內陽者內卦乾乾陽也
外陰者外卦坤坤陰也健乾也順坤也君子陽也小人陰也道之消長

大來則道長小往則道消泰否二卦嚴君子小人之別君子者育人者也小人者害人者也當泰之世君子進而小人退故君子道長小人道消全彖之意蓋能明天道之泰必能明人事之泰天人之際在通與同二字而已矣

象曰天地交泰后以財成天地之道輔相天地之宜以左右民

荀氏爽曰坤氣上升以成天道乾氣下降以成地道今天地交其氣通天地之氣通而人心始通后尊稱也乾爲君后之象財裁古通用鄭氏玄曰財節也輔相左右助也以者取其順陰陽之節爲出內之政春崇寬仁夏以長養秋敎收斂冬敕蓋藏皆可以成物助民也其說是也輔相左右指乾坤交六卦无不交之意

初九拔茅茹以其彙征吉〇象曰拔茅征吉志在外也

初九變巽爲地風升䷭巽爲木茹根也彙類也征進也拔茅茹者猶

言拔茅而茹亦相牽引也當泰之世賢人彙征雖人君不能徧識必首先用一大賢則天下賢人自然牽連而進如舜舉而五人並進是也變巽入也上坤朋之象引朋謂引朋之同志也小象曰志在外也言在外卦也

九二包荒用馮河不遐遺朋亡得尙于中行○象曰包荒得尙于中行以光大也

九二變離爲地火明夷☷☲乾包坤坤爲地荒者曠之形如八荒大荒洪荒窮荒是也孟氏喜曰荒水廣也此爻包荒兩字足證古人已明地圓之理變離則互變坎坎爲水河之象震爲足馮之象震足在坎川之上故有馮河之象言乾之健也遐遠也言賢者在遠方亦不棄之引而用之以安國家如天无不載求賢之切者也先天乾坤對待朋也今乾變離在坤朋亡之象朋亡者无植黨之私則能用天下之賢變離明也

大人之心卽赤子之心无一毫私欲存于其間賢則用之不肖則去之而已尚王氏弼曰猶配也中行謂五言以二配五也今變爲離而離之光入于乾之大故小象曰以光大也

九三无平不陂无往不復艱貞无咎勿恤其孚于食有福○象曰无往不復天地際也

九三變兌爲地澤臨䷒乾本坤也天氣下降地氣上升故小象曰天地際也際者天地之際卽天地之間也上坤坤爲地至平者也今變兌兌爲毁折毁折陂之象地勢傾邪也變兌中爻互爲兩震震與乾在納甲乾納甲則復也故曰无往不復復在何爻在天地之際卽中爻是也今九三之泰天將盡而地未來故曰天地際也艱者指乾之厲言易以艱爲吉貞正也能艱貞故无咎恤憂也變兌兌說也故勿恤孚卽天地交也互兌兌爲口食之象互震震以恐致福也此言保泰之道也

六四翩翩不富以其鄰不戒以孚○象曰翩翩不富皆失實也不戒以孚中心願也

六四變震爲雷天大壯☱☰翩翩者三陽爻三陰爻比接之狀也中爻互震今又變震震動也亦翩翩之象坤厚載物富之象今變震則所載已動是不富也鄰者泰之中爻上互震下互兌先天卦位乾比兌坤比震皆鄰也不富以其鄰者言求賢以天下爲心不拘拘于其鄰也戒告也孚信也言其人接物待人出于誠心雖不告戒于衆而人亦信之也小象曰皆失實也凡易例陰爻不吉者有三一曰失中二曰遠實三曰乘剛是也九三九四均有復象故曰皆九三陽變爲陰九四陰變爲陽皆有兌象兌爲毁折卦雖泰因變化失泰之實也中心願也中卽中爻也言鄰之中心所願者在孚不必以財相誘也

六五帝乙歸妹以祉元吉○象曰以祉元吉中以行願也

六五變坎爲水天需䷄此歸魂卦也故以歸妹象之乾交坤而成坎合先後天乾坤坎離之大用揚氏雄曰一與六共宗是也故元吉上坤坤納乙上互震帝出于震故稱帝與坤合故曰帝乙下互兌兌爲少女故稱妹與歸妹六五爻辭同蓋泰之互卦兌下震上卽歸妹也左氏傳趙鞅卜救鄭一節有云微子啓帝乙之元子也則以成湯爲帝乙非鄭氏玄以爻辰釋歸蓋五爻爻辰在卯卯仲春之月也是月嫁娶男女之禮福祿大吉是也祉福也歸者天地之大義男女居室泰之理也小象曰中以行願也中卽六五居外卦之中故也互震震爲足行之象六四之翩翩六五之帝乙因泰之候鴻雁來故爻以翩乙字形容之

上六城復于隍勿用師自邑告命貞吝○象曰城復于隍其命亂也

上六變艮爲山天大畜䷙坤爲土變艮亦爲土艮山之象故曰城艮土在上而中爻震震動也又中爻兌兌爲毀折基本不固之象隍者城

下溝无水也孟氏喜曰有水曰池无水曰隍鄭氏玄曰壑也意同城復于隍喩君爲不道人心已失也坤衆也師象變艮艮止也故曰勿用言人心已去不可行師也互兌兌爲口告之象命天命也乾天也自邑告命者告邑人以天命靡常泰極而否之理使邑人各修人事以挽回天心故貞吝小象曰其命亂也亂治也如下詔罪己以收拾人心是也

䷋否　坤下乾上　先天對待之卦也不交京氏房曰乾宮三世卦否閉塞也七月之卦也何謂閉塞先天天地定位否卦乾上坤下是天自爲天地自爲地其氣不通故曰天地不交　中爻互艮互巽　錯泰

綜泰

否之匪人不利君子貞大往小來

崔氏憬曰否不通也於不通之時小人道長故曰匪人君子道消故不利君子貞之匪人朱子曰或疑三字衍來氏知德曰否之者非人也乃

天也又否之匪人者天數君子貞人事其說本石氏介石氏曰否之者匪人也天也然與象不合坤下坤陰陰爲小人又中爻互艮艮爲閽寺小人所居之所也匪非也匪人小人之尤者也否之匪人否時之匪人也若以天數解匪人則世亂之際一切政事之顚倒亡國敗家皆諉諸天數不必盡人事矣易雖重數數者无非明天地之化育而已數之善力行可也乃人事不能盡之亦惡也數之不善悔過可也乃人事能盡之亦或可免禍戾世之否泰用人而已用君子則治用小人則亂故否泰二卦於用人再三致意孔子彖辭嚴君子小人之別而已

彖曰否之匪人不利君子貞大往小來則是天地不交而萬物不通也上下不交而天下无邦也內陰而外陽內柔而外剛內小人而外君子小人道長君子道消也

彖言往來大小上下內外陰陽剛柔君子小人消長詳見泰卦天地不

交下坤上乾是坤仍與坤遇乾仍與乾遇卽不交也其佗六子兌仍爲
兌離仍爲離震仍爲震巽仍爲巽坎仍爲坎艮仍爲艮是不通也无邦
者邦固未嘗无也不過法紀蕩然如孟子所謂上無禮下無學賊民興
喪無日矣之意耳故何氏妥曰无邦者言人志不同必致離散而亂邦
國是也

象曰天地不交否君子以儉德辟難不可榮以祿

坤爲嗇吝儉象卽坤之括囊之義艮止也故有辟之意難指否極之時
也辟難卽辟小人之難也不可榮其身食其祿也否爲七月卦月令天
地始肅卽不交之謂也

初六拔茅茹以其彙貞吉亨○象曰拔茅貞吉志在君也

初六變震爲天雷无妄☳爻辭與泰卦同觀此可悟錯卦之理惟泰之
初九曰征吉此曰貞吉亨其果不同所以嚴君子小人之别也此爻指

小人言故勗其貞也小人未始无才然有才而不貞是以才濟惡爾此爻以卦體取象凡陰在下者入之象入卽巽也李氏鼎祚曰初六巽爻巽爲草木陽爻爲木陰爻爲草初六陰爻草茅之象也變震震動也互艮艮爲手動手以反拔之拔茅之象彙董氏過作夤誤小象曰志在君也上乾乾爲君坤應乎乾故曰志在君言小人安知治平之道而其志猶知在君如食人之祿忠人之事貞也

六二包承小人吉大人否亨○象曰大人否亨不亂羣也

六二變坎爲天水訟䷅中爻互艮艮爲手承之象承者承上爻拔字言包字當與泰卦參觀之乾道包坤也否卦乾仍爲乾坤仍爲坤陰陽不交今變坎雖一陽居兩陰之間否義得通且坤之與坎先後天同位也是小人之勢更熾或知引用君子以博厚名故六二之吉小人之吉也非君子之福也大人指九五言位尚未至也小人之吉卽大人之否

也大人處此之時防之以道以一種清明之氣以制小人否則朋黨之禍起矣小象言羣羣類也小人大人各有羣也不亂者大人不以小人之羣爲羣也

六三包羞○象曰包羞位不當也

六三變艮爲天山遯☰☶此爻先後天同位之卦故辭簡遯者君子之德小人所不能也在君子遯時君子終不以爲否若與之爲羣受小人之奉承尸位素餐辱之至也羞作饈饈解卽奉承之意包者乾包坤也今變艮艮爲手有奉承意小象曰位不當也六三雖係艮之正位然由變而來爻在三陰之內是君子與小人爲伍故曰不當

九四有命无咎疇離祉○象曰有命无咎志行也

九四變巽爲風地觀☴☷此爻先後天同位之卦也變巽巽爲命上乾乾爲天有命有天命也先後天同位故无咎疇離祉荀九家疇類也離

附也祉福也此當時之人切望君子深矣言君子天命所歸必能撥亂反正无咎者言不爲小人所害也疇離祉卽永錫爾類之意是君子出否將去而爲泰人民共受其福也小象曰志行也志者指先後天同位言行者行君子之道也否之時其紂爲君之時乎此爻之情如周人之希望文王也

九五休否大人吉其亡其亡繫于苞桑○象曰大人之吉位正當也

九五變離爲火地晉☲☷釋見繫傳下第五章休否吳氏澄曰人依木傍以息曰休互巽爲木人情厭亂冀得休息九五陽剛中正之大人如木有庇陰可依以休息于否將變之時也解得最確大人吉當與六二爻合觀之九五陽剛中正之位乾之九五利見大人是也大人具拯世之心必能救民于水火之中使世運復爲泰道此大人惟文王可以當之其亡其亡繫于苞桑或紂之時民間歌謠之辭而周公引之言否則

必休也上互巽巽柔木也桑爲柔木故詩謂之柔桑草木叢生曰苞苞古通包弱而不能繫物巽爲繩直繫之象變離則互變爲坎坎險也繫于險亡之道來氏知德以國家之大不繫于磐石之堅固而繫于苞桑之柔小危甚也義合小象言位正當也八卦正位乾在五今此爻九五陽爻其位正當干氏寶引京房說以桑有衣食人之功喩聖人亦有天覆地載之德其說未免拘泥

上九傾否先否後喜○象曰否終則傾何可長也

上九變兌爲澤地萃䷬否極必泰上九居否之極故曰傾變兌兌爲毁折傾之象又兌說也喜之象小象何可長也言小人之道何可再長者也故侯氏果曰傾爲覆也否窮則傾矣傾猶否故先否也傾畢則通故後喜也長者久也

䷌同人　離下乾上　先後天同位之卦也京氏房曰離宮歸魂卦

雜卦傳同人親也　中爻互巽互乾　上錯坤下錯坎　綜大有

同人于野亨利涉大川利君子貞

天之卦乾也地之卦坤也惟人无卦然人非无卦也六十四卦无一不爲人事言人在天地之中苟能德合天地始成人之道同人卦體先天之乾卽後天之離其位同也故合之人事皆與人同也與人同者卦先後天同位故曰同同則中正和平无私欲之心邪僻之行乾天也所包者廣離火也所照者明乾爲郊野之象國外百里爲郊郊外曰野同人初九于門六二于宗上九于郊今卦辭曰于野言由國而及于天下也九三伏戎九四乘墉言彼之人有害于我同人者也九五之先號咷而後笑言雖有有害于我之人我以同人之力禦之强不同而使之同也言野者廣大而无不通乾德之大也離爲目見之象言同人于野其德充塞于天地之間人目皆能見之也離具心象故亨利涉大川下離離

中虛舟之象上乾健也乾行健中爻互巽巽爲風舟行遇風利涉之象
上錯坎坎險也是出險矣程傳以至誠无私釋卦辭則貞自見君子之
貞則通天下之志而一之也故淮南子曰至德者言同略事同指上下
一心无歧道旁見者遏揚之于邪開通之于善而民鄉方矣是也
彖曰同人柔得位得中而應乎乾曰同人同人曰同人于野亨利涉大川
乾行也文明以健中正而應君子正也唯君子爲能通天下之志
柔陰爻也二爲離之正位故曰得位得中應乎乾應乎乾之九五也同
人曰郭氏京刪此三字朱子本義亦以爲衍文虞氏翻不作衍文王氏
弼注將同人曰三字表而出之極有見地因同人于野其語氣與諸卦
巽也離麗也文明之象乾健也故曰文明以健中正指九五六二皆得
位言應指二五言也君子正者言君子立天下之正位大公无我待人
接物不囿于一隅以天下之志爲志則志始通唯君子能之乾離先後

天同位通也

象曰天與火同人君子以類族辨物

天乾也火離也荀氏爽曰乾舍于離相與同居故曰同人也荀氏此說不獨先後天卦位可明而同位之理亦可知也同人者卽聖人之心以天下爲一家中國爲一人是也類族者離本乾體坤再索而成離故後天之離位先天之乾乾之歸遊入離離爲歸遊入乾類族也言蠻夷戎狄之人雖非中國之人然其禮教有合于我者亦我類族也卽中國之人有悖于禮教者亦非我類族也故類族在辨物辨物辨其禮教也因離爲亨德嘉會合禮是辨物也同人與否義相反世方否于是人相羣以除暴君汚吏同人者世已太平視天下之族皆吾類也惟除害人之人而已

初九同人于門无咎○象曰出門同人又誰咎也

初九變艮爲天山遯䷠變艮艮爲門闕門以內一家之事也同人之卦以天下爲心去公私之別今曰于門仍私事也因變艮先天之艮卽後天之乾先後同位而不出位一家之事而已小象曰出門指去人我之見故无咎

六二同人于宗吝○象曰同人于宗吝道也

六二變乾爲純乾䷌虞氏翻以乾爲宗宗宗黨也于宗雖較一家爲廣然猶未能及于天下所識者小故吝先天之乾卽後天之離今離復爲乾是一系統也故曰于宗小象言吝道非大道之意

九三伏戎于莽升其高陵三歲不興○象曰伏戎于莽敵剛也三歲不興安行也

九三變震爲天雷无妄䷘下離離爲戈兵戎之象離錯坎坎爲隱伏伏之象莽鄭氏玄曰叢木也變互巽巽爲柔木莽之象故曰伏戎于莽

變震萬物出乎震離爲日升之象又巽爲高變離中爻互變艮艮爲山陵之象故曰升其高陵下離離數三故曰三歲崔氏憬以一爻爲一年非的論也項氏安世曰凡陽卦稱歲陰卦稱年興起也震之象然中爻變艮艮止也故曰不興離變震先後天同位也而上乾非其類于是疑生焉疑則忿忿則爭端啓小象言敵剛敵乾之剛也言安行孔疏安何也何可行也

九四乘其墉弗克攻吉○象曰乘其墉弗克也其吉則困而反則也

九四變離爲風火家人䷤乾爲馬乘之象下離離中虛外圜墉之象變巽爲高亦墉象也弗克攻同人之卦上乾下離火金相克故曰克克勝也今變巽與乾對待又巽爲木以乾金害之則火金不能相害故曰弗克攻家人之卦正家而天下定家能自正則外來之寇孰能侮之蓋人情同極必異異極乃復同其異同莫不出于疑能去疑則有信是同

人之要旨也小象言反則則法也指先天卦位言今變巽後天卦位乾巽相害故曰反

九五同人先號咷而後笑大師克相遇○象曰同人之先以中直也大師相遇言相克也

九五變離爲重離䷝釋見繫傳第八章易言先後皆言先天後天先天之乾比巽今互巽巽爲命號令之象故曰先號咷後天之乾比兌今變離所互之乾又變兌兌說也又爲口笑之象故曰後笑變離離爲甲冑戈兵師之象乾大也故曰大師克相遇者變離離復本位故曰相遇然金火相害故小象言相克也中直者九五得位故也此言人不修德則同室操戈人能修德雖有不同之人亦能使之同也

上九同人于郊无悔○象曰同人于郊志未得也

上六變兌爲澤火革䷰卦辭言于野此言于郊野在郊之外言在郊

其人之心猶不出百里之外未能全去其私乾爲郊陽在上止之象故止无悔非亨道也小象曰志未得也言尙未能通天下之志也

䷍大有　離上乾下　先後天同位之卦也京氏房曰乾宮歸魂卦

大陽也火在天上无所不照故曰大有　中爻互乾互兌　下錯坤上錯坎　綜同人

大有元亨

姚氏規曰互體有兌兌爲澤位在秋也乾則施生澤則流潤離則長茂秋則收成大富有也大有則元亨矣大有先後天同位故辭簡序卦曰物必歸焉歸者歸于原位卽歸魂是也雜卦傳曰大有衆也元者乾下大哉乾元之元也亨者離上火性炎上故亨

彖曰大有柔得尊位大中而上下應之曰大有其德剛健而文明應乎天而時行是以元亨

六居五不言得尊位者五本九所居之位也今六居之故貴也大中者

卽五爻也上下應者物歸于衆也如堯舜之禪讓湯武之革命皆歸于

衆也德卦德也剛健乾也文明離也一柔而應五剛柔得尊位而陽應

之陰能有大也應天者日照天上也時行四時之錯行也

象曰火在天上大有君子以遏惡揚善順天休命

火離也天乾也火在天上明之至也辨善惡離之明也能遏揚乾之健

也順天休命亦乾象也卽應天時行之意故荀氏爽曰謂夏火王在天

萬物並生故曰大有也

初九无交害匪咎艱則无咎○象曰大有初九无交害也

初九變巽爲火風鼎☲☴此爻當與鼎之初六參觀之大有下卦爲乾

乾天也鼎初爻爲巽巽爲長女老父長女妾之象也語見鼎之初六因

離乾先後天同位交也變巽巽與乾對待亦交也未變則火金害也旣

變則金木亦害也然卦體究爲同位對待同位則氣和對待則氣感雖
交害亦无交害故曰匪咎匪咎則艱易例艱爲吉艱則无咎小象曰大
有初九大有時也初九位也時位如此故无交害
九二大車以載有攸往无咎○象曰大車以載積中不敗也
九二變離爲重離☲☲乾錯坤坤爲輿車之象乾大也故曰大車變離
離中虛虛中能容物故曰載以載者用以載也有藉也攸久也安也往
進也藉大車以久進喻君子自强不息之至意小象曰積中不敗也積
是充積之意中者九二中位也大車中能容物故不敗喻君子能修德
虛中納下衆材輻輳以任天下之重合大有之時也
九三公用亨于天子小人弗克○象曰公用亨于天子小人害也
九三變兌爲火澤睽☲☱離爲公說文公平分也離中虛平分之象乾
爲天子亨京氏房曰獻也卽朝獻也乾爲金爲玉爲良馬離爲龜皆朝

獻之物也左氏傳卜偃以亨爲享古文亨亯享同小人指變兌言兌爲
毁折爲口舌爲妾皆小人之象左氏傳僖公二十五年晉文公筮得此
卜偃曰吉遇公用亨于天子卦戰克而王亨吉孰大焉且是卦也天爲
澤以當日天子降心以逆公不亦可乎克勝也弗克者不能勝任之意
言小人之徒但能容悅事君如征伐大事非君子之德不足以當之也
小象言害因大有乾與離遇火金本相害害有克之意今變兌兌爲澤
水之象水之氣以制火何能害
九四匪其彭无咎○象曰匪其彭无咎明辨晢也
九四變艮爲山天大畜☲☰彭子夏傳作旁孟氏喜作尪王氏肅曰壯
也干氏寶曰亨盛滿貌詩出車彭彭之彭同變艮艮爲山山多寶藏畜
之大者也艮乾先後同位畜之極者也故彭者言其盛也此言大有之
世君子有大有之德始能亨大有之福然德不足以當之雖彭亦何益

故曰匪其彭然艮止也知其德不足以當此能止其彭故无咎小象曰
明辨晳也卽明哲保身之意
六五厥孚交如威如吉〇象曰厥孚交如信以發志也威如之吉易而无
備也
六五變乾爲重乾☰☲離以中虛爲孚變乾乾與離先後天同位之卦
也故曰交如離爲日變乾日照天下光曜四方故曰威如乾爲君此言
爲君能以威信及民則吉小象曰信以發志也信卽孚也發者施也離
爲火發之象志者心之所至也離乾先後天同位其志同也易而无備
也易卽易也无備者卽无爲也易无爲者卽威信之來由人心之相感
而來非出于有爲也卽繫傳易无思也无爲也意同
上九自天祐之吉无不利〇象曰大有上吉自天祐也
上九變震爲雷天大壯☳☰釋見繫傳第十二章易則上爲天祐助也

自者從也言上九之吉由六五而來也變震震爲足行也言能躬行實
踐六五厥孚交如威如之理則天无不祐也小象曰大有上吉與初九
之大有初九意同凡爻言卦名者指時也言爻名者指位也上爻言天
此爻外如頤之何天之衢明夷之初登于天中孚之翰音登于天皆无
乾象是易例以上爲天也

䷎謙　艮下坤上　後天對待之卦位也京氏房曰兌宮五世卦

謙雜卦傳輕也　中爻互坎互震　上錯乾下錯兌　綜豫

謙亨君子有終

山高而居地下謙之象互坎坎之卦辭曰有孚維心亨終者下艮也說
卦傳終萬物始萬物莫盛于艮而坤在先天之末亦終也大有之世以
堯舜湯武證之矣然丹朱之不肖舜之子亦不肖史未言二人之惡所
謂不肖者惟不謙而已不謙則亡國桀持其多力用其虎視盛軍伍立

兩億自謂天父亦一有爲之主也紂貪辨捷疾聞見甚敏材力過人手格猛虎異能也皆不知謙而亡故說苑周公戒伯禽曰有一道大可以守天下中可守國家小可以守其身謙之謂也故謙爲美德六爻无言悔吝吉也重言君子者因小人但能一時之謙不能如君子終于謙也

彖曰謙亨天道下濟而光明地道卑而上行天道虧盈而益謙地道變盈而流謙鬼神害盈而福謙人道惡盈而好謙謙尊而光卑而不可踰君子之終也

坤錯乾乾天道也中互坎坎爲水濟之象互錯離光明之象地道者坤道也地承天而行故曰上行曰下濟曰卑皆指謙也盈坎象也流亦坎象也錯乾則互變爲離離中虛虧之象虛補不足故曰益如日中則昃月滿則虧是也上坤則互坎坎中滿盈之象然其盈由中爻而來故曰變也如山崩水竭是也中爻坎鬼之象坎錯離神之象害者如高明之

家鬼瞰其室是也若能謙則日增其美卽其人之福也人道者爲人之
道也人道則滿招損謙受益是也學業无止境道德无已時隨時存不
足之心不矜不伐不獨衆人好之而一己亦泰然矣尊而光山出地尊
也光者艮之象曰其道光明卑指地言踰者艮爲徑路互震爲足足動
踰之象也
象曰地中有山謙君子以裒多益寡稱物平施
地坤也山艮也荀九家易山至高地至卑以高下卑故云卑也裒朱氏
震曰裒荀鄭諸儒讀作捊取也字書作掊艮爲手掊也裒多益寡卽損
多益寡也稱物者量其人材之大小權事之輕重而用之平施者博施
濟衆視人類无高下不可稍有等次之心平之謂也
初六謙謙君子用涉大川吉○象曰謙謙君子卑以自牧也
初六變離爲地火明夷䷣初居最下謙而又謙之意故曰謙謙用以

也變離離中虛舟象中爻互坎川之象今在初爻坎尙未至故曰用涉
小象言牧牧養也君子以謙自牧守謙不失終能濟大難也上坤坤爲
馬爲牛牧之象
六二鳴謙貞吉○象曰鳴謙貞吉中心得也
六二變巽爲地風升☷☴此爻先後天同位之卦也故辭簡待人自悟
同位則志合故貞吉巽爲風風能鳴故曰鳴謙互震震爲雷亦善鳴以
謙鳴者其人不驕不吝也小象曰中心得也中指六二言心得者指同
位言也
九三勞謙君子有終吉○象曰勞謙君子萬民服也
九三變坤爲純坤☷☷釋見繫傳第八章中爻互坎坎爲勞卦故曰勞
謙先天卦位終于坤今艮爲坤亦卦之終也坤上下同卦故吉小象曰
萬民服也坤爲衆又爲民萬民之象又坤順服之象

六四无不利撝謙○象曰无不利撝謙不違則也

六四變震爲雷山小過䷽此爻先後天同位故辭简无不利者同位則志相得故无不利撝荀氏爽曰撝猶舉也釋文指撝也下卦艮止之極艮爲手互兌之說以手示之故曰撝謙揮手之象也京氏房曰上下皆通曰揮謙小象曰不違則也九家易曰陰撝上陽不違法則則法也先後天同位是不違則也

六五不富以其鄰利用侵伐无不利○象曰利用侵伐征不服也

六五變坎爲水山蹇䷦先天坤比連艮鄰也坎比連艮亦鄰也上坤坤厚載物富之象變坎坎陷也坤陷則不富象如虞芮之君以所爭之田爲閑田是也中爻互變離離爲甲冑爲兵戈侵伐之象

上六鳴謙利用行師征邑國○象曰鳴謙志未得也可用行師征邑國也

上六變艮爲兼山艮䷳上坤坤爲邑國易外復師謙豫四卦皆有雷

故皆言行師復之不利行師以雷在地中也此爻中爻互震震爲雷鳴之象如此解者最多李氏鼎祚以上六兌爻兌爲口舌鳴謙之象也甚當因用互則上六之位已在互卦之外非卦例也小象曰鳴謙志未得也艮坤先後天同位本爲得志今鳴之謙由兌而來兌與艮先天對待今兌之體雖見兌之卦未見故曰志未得也可者未定之辭也

䷏豫　坤下震上　京氏房曰震宮一世卦

豫逸也漢書五行志曰雷以二月出其卦曰豫言萬物隨雷出地皆逸豫也　中爻互艮互坎　上錯巽下錯乾　綜謙

豫利建侯行師

上震侯之象中爻互艮艮爲手建之象建卽建國之意下坤坤爲國又坤爲衆師之象上震震爲足行之象震爲雷雷聲威故利行師

彖曰豫剛應而志行順以動豫豫順以動故天地如之而況建侯行師乎

天地以順動故日月不過而四時不忒聖人以順動則刑罰清而民服豫之時義大矣哉

豫爲震宮一世卦應爻在四位爲震之陽畫故曰剛應剛應者卽陽剛在應爻也志者卦上震今在震宮故曰志行順坤也動震也順以動豫豫順以動二句其義无窮簡要言之上句體下句用也張氏浚曰雷動于上坤順于下爲天地之順動震春陽用事時以序行爲四時不忒互坎居中爲日月不過坎水爲刑罰淸坤衆爲民服紫巖此解頗得聖人遺意然豫繼謙謙繼大有大有繼同人卦之原理皆言得衆也得衆者民之所歸也雜卦傳豫怠也因中爻互艮艮止也止于動怠之象如堯舜之子雖不肖不過耽樂縱逸怠于政事而已然能以豫效坤行艮止之意不與舜禹爭是不以家天下爲心也使舜禹順天行事成後世禪讓之德丹朱之甘爲虞賓商均之是喜鼓舞而不與舜禹爭天下是不

忍以養人者害人也深合豫之義矣時義者指豫時所具之義也

象曰雷出地奮豫先王以作樂崇德殷薦之上帝以配祖考

雷震也地坤也奮鄭氏玄曰動也豫和樂也上震震笑言啞啞又震爲雷雷能發聲象作樂崇德坤順也有德者莫如坤故先王以之崇德殷說文作樂之盛稱殷馬氏融曰盛也薦進也坎爲隱伏鬼神之所居也上震帝出乎震故曰上帝殷薦上帝于郊廟配以先王之祖考也作樂以使人和樂崇德而殷薦之則鬼神安而國不亂鬼神无聲无臭竭人聰明之力不能定其有无不過鬼神之有无一人心而已豫中爻坎坎心誠誠則鬼神如在使人見殷薦之祀典凜然生天威咫尺之念則人心自平而世事亦安矣

初六鳴豫凶○象曰初六鳴豫志窮凶也

初六變震爲重震䷲又謙卦互震故重言鳴鳴者雷之出聲也豫卦震

在上雷象也故亦言鳴今坤變震其動也烈如地震是也如彼小人稍或得志必自誇伐是小人之尤者故凶小象言初六位也志窮不相孚之意故凶

六二介于石不終日貞吉○象曰不終日貞吉以中正也

六二變坎爲雷水解䷧釋見繫傳下第五章下坤坤變坎是先後天同一卦位故曰貞吉介大也朋友相接之義下互艮艮爲小石故曰介于石變坎中爻互變爲離離爲日變者非正也故曰不終日介人于石其人中立自守以石爲友不妄交之意故繫傳以君子上交不諂下交不瀆爲知幾小象曰以中正也以六二爲中正之位也

六三盱豫悔遲有悔○象曰盱豫有悔位不當也

六三變艮爲雷山小過䷽盱上視也孟氏喜曰張目也鄭氏玄作誇解誤不若向氏秀作盱睢小人喜悅佞媚之貌爲善也中爻互坎坎爲

下首則目視上故曰盱言上視豫而不知改悔又坎爲亟心今曰遲變巽巽進退之象也下坤坤爲迷故有悔吝之道也兩悔字意殊小象曰位不當也下變艮艮之正位在三位當也今由變而來故不當且互變坎坎與坤先後天同位變則否故曰位不當也

九四由豫大有得勿疑朋盍簪〇象曰由豫大有得志大行也

九四變坤爲純坤☷☷由行也上震震爲足行之象由豫馬氏融作猶豫疑也不若以行爲善大有得與頤之上九大有慶也意同因艮錯兌兌說也變坤坤則得朋大有得者大有得朋之事也勿疑互坎坎其於人也爲加憂爲心疾故疑今變坤則坎已去卽疑自去也故曰勿疑坤過坤朋之象坎與坤先後天同位盍朋之象盍合也京氏房作撍連也簪者聚髮之物上震震錯巽巽其于人也爲寡髮今變坤坤衆也象髮之多也小象曰志大行也先後天同位故曰志震爲足行之象

六五貞疾恒不死○象曰六五貞疾乘剛也恒不死中未亡也

六五變兌爲澤地萃䷬貞常也中爻互坎坎爲心疾爲耳痛疾之象下互艮艮止也疾止故不死疾者陰陽偏勝而不得其正故卦以陰居陽陽居陰者謂之疾小象言乘者因震坤二卦皆有馬象故曰乘詳見屯之六二中未亡也言六五亦中之位也

上六冥豫成有渝无咎○象曰冥豫在上何可長也

上六變離爲火地晉䷢荀氏爽曰陰性冥昧居尊在上而猶豫說故不可長冥者不明也王氏廙曰深也陽明陰暗卦之全體陽居四爻卽中爻互艮乾坤鑿度以艮爲鬼冥門又曰艮靜如冥暗不顯其路今變離離明也然本體震震在土上雷出地奮之時是冥象也成極也渝變也項氏安世曰凡言渝者皆當以變卦觀之是也成者極也指上六言小象言長長卽消長之長也

☳☱隨　震下兌上　後天對待之卦也京氏房曰震宮歸魂卦

隨從也　中爻互艮互巽　上錯艮下錯巽　綜蠱　此卦互錯相反

隨元亨利貞无咎

隨卦後天對待之位也又震宮之歸魂卦也隨者歸之謂也蓋震東方之卦萬物隨之而生兌西方之卦萬物隨之以成生與成隨之道也當隨之時人民安居樂業隨時休息以盡人道也其中爻與錯相反而往來之道皆有感而應朱子本義謂己能隨物物來隨己彼此相從其通易矣是也隨己隨人而用此四德始无咎

彖曰隨剛來而下柔動而說隨大亨貞无咎而天下隨時隨時之義大矣哉

剛而下柔卽咸卦男下女之意動震也說兌也動而說隨時之要旨天下隨時因隨後天對待之卦故曰隨時卽後天奉時之意

象曰澤中有雷隨君子以嚮晦入宴息

翟氏元曰晦冥也雷者陽氣春夏用事今在澤中秋冬時也故君子象之日出視事其將晦冥退入宴寢而休息也嚮同向晦昏暮也震則日出卯兌則日沒酉由震而兌自明向晦中爻互巽巽入也中爻互艮艮止也入而止息之象宴安也晝夜明晦時也日出而作日入而息隨時也

初九官有渝貞吉出門交有功○象曰官有渝從正吉也出門交有功不失也

初九變坤爲澤地萃䷬鄭氏玄曰震爲大塗又爲日門當春分陰陽之所交也震主器象官因震之正位在初也渝變也震變坤故曰有渝官有渝是父死而長子代父主器也此時母從長子故小象曰從正吉也互艮艮爲門闕門之象震爲足動也有出門之象不失也言震代父

主器又能出門與人交際不失爲克家之子也

六二係小子失丈夫〇象曰係小子弗兼與也

六二變兌爲重兌䷹中爻互巽巽爲繩直係之象下震震爲長男故稱丈夫中爻又互艮艮爲少男故稱小子此爻上兌下震兌爲少女兌之丈夫本震也今下變兌中爻變艮少男少女其情易感故曰係方合此爻義小象曰弗兼與也與者陰陽相應也重兌兼也弗兼者婦人之義從一而終不可兼與也六三因位不同所係所失亦異

六三係丈夫失小子隨有求得利居貞〇象曰係丈夫志舍下也

六三變離爲澤火革䷰因變離中爻互變巽係之象若係震則失艮互巽巽爲近利市三倍求有得之象中爻互變乾乾屬金利也小象曰志舍下也舍止也下者內卦也卽震也舍下者言止于震也止于震卽從一之義

九四隨有獲貞凶有孚在道以明何咎○象曰隨有獲其義凶也有孚在道明功也

九四變坎爲水雷屯䷂九四由動而入說隨之至者也互艮艮爲手獲之象又互巽巽爲近利市三倍亦獲之象也今變坎坎陷也獲而陷故貞凶貞坎道也有孚坎之卦辭曰習坎有孚震爲大塗道之象坎爲水故明四爻居多懼之地然已近五爻多功之位故何咎之有小象曰明功也以坎之明可見五之功也

九五孚于嘉吉○象曰孚于嘉吉位正中也

九五變震爲洊雷震䷲解佚

上六拘係之乃從維之王用亨于西山○象曰拘係之上窮也

上六變乾爲天雷无妄䷘釋拘係義闕中爻互巽巽爲繩直係與維之象也乾在後天爲四維之卦故曰維互艮艮爲手拘之象又變乾乾爲君

王之象亨京氏房曰祭也古文享卽亨也艮錯兌艮爲山兌後天居西
故曰西山小象曰上卽上六之上也窮極也

䷑蠱　巽下艮上　先後天同位之卦也京氏房曰巽宮歸魂卦

蠱生生不已之卦也上經列十八卽十有八變而成易也爻言父母有
五卽天數五地數五之意五者變化之極也春秋考異郵曰二九十八
主風精爲蟲八日而化風烈波激故其命字從蟲蟲之爲言屈申也其
說與卦理合八日者乙至辛也辛者新也八日蟲復生屈申卽乙辛也

中爻互兌互震　上錯兌下錯震　綜隨　此卦互錯相反

蠱元亨利涉大川先甲三日後甲三日

利涉大川中爻互震動于兌澤之上故曰利涉大川先甲後甲指納甲
言詳見示兒錄然不必拘定納甲其理易明且便入記臆後天卦位艮
在震前震中有甲甲前三干爲癸壬辛辛卽先甲三日巽在震後震中

有甲甲後三干爲乙丙丁丁卽後甲三日也本子夏傳說蟲以風化爲
蠱蠱惑也春秋傳女惑男風落山謂之蠱夫巽入也艮止也入而止也
互兌說也震動也動而說男女交之象合于禮爲隨不合于禮爲蠱
彖曰蠱剛上而柔下巽而止蠱蠱元亨而天下治也利涉大川往有事也
先甲三日後甲三日終則有始天行也
往進也序卦曰以喜隨人必有事故曰往有事也先甲三日後甲三日
與兌之先庚三日後庚三日皆指納甲言先後共七日因艮數七艮者
萬物之所成終而所成始也故曰終則有始也天行者因先天之巽爲
後天之坤先天之艮爲後天之乾至後天卦位巽乾與艮坤皆對待
象曰山下有風蠱君子以振民育德
山艮也風巽也振民育德言國家設庠序以養人材也因巽爲風又爲
命振民之象艮爲山山多材木育德之象德欲其崇故取諸山振民以

風俗如風之行也故凡言民俗之事多取諸風

初六幹父之蠱有子考无咎厲終吉〇象曰幹父之蠱意承考也

初六變乾爲山天大畜䷙又變乾乾爲父艮爲少男幹者木之正幹蠱事也幹父之蠱卽繼志述事之意考父也有子能幹父之蠱在考无咎厲憂懼也危之象危而能戒則終吉因先天之艮與後天之乾同位艮少男也子也乾父也巽變乾爲後天對待之位故无咎又與上艮先後天同位故終吉小象曰意承考也同位則意同上艮艮爲手承之象變乾乾爲父卽考是也承考者父死而子繼者也故父與考有別魏氏了翁以父在亦稱考非也蓋乾由變而來父已歿之象

九二幹母之蠱不可貞〇象曰幹母之蠱得中道也

九二變艮爲重艮䷳此爻言先天之巽卽後天之坤坤爲母在後天艮坤對待變艮艮爲門闕門以內家事也重艮爲重門象重門以內母

之事也不可貞言不可以爲常也小象曰得中道也九二得位故曰中道幹母之蠱非男子之事也然有時適逢其會而不能不爲者此事之變者也

九三幹父之蠱小有悔无大咎○象曰幹父之蠱終无咎也

九三變坎爲山水蒙䷃此爻言先天巽艮二卦之間爲坎後天乾艮二卦之間亦爲坎坎中男也中爻互震震長男也乾體雖不見而三子皆能繼父之志故曰幹父之蠱變坎坎陷也故小有悔小指陽爻變陰也大陽也九三本陽爻故无大咎

六四裕父之蠱往見吝○象曰裕父之蠱往未得也

六四變離爲火風鼎䷱此爻先言天之離在後天巽艮之間今變離而互變乾乾爲父裕馬氏融曰寬也裕者言不以父之蠱爲急往進也見離爲目之象小象言未得謂寬緩作事未有得也

六五幹父之蠱用譽○象曰幹父用譽承以德也

六五變巽爲重巽䷸此爻言先天之巽位在乾之左右後天之巽位與乾對待故亦爲幹父之蠱也互兌兌說也故曰用譽用以也小象曰承以德也上艮爲手承之象德卽譽也

上九不事王侯高尙其事○象曰不事王侯志可則也

上九變坤爲地風升䷭此爻言先天之巽卽後天之坤上艮艮止也不事之意巽爲高艮爲山有高山仰止之意鄭氏玄以上九艮爻艮爲山辰在戌得乾氣父老之象是臣之致事也故不事王侯是不得事君君猶高尙其所爲之事鄭氏此釋雖較諸家爲精切然于象猶有未當蠱下巽巽錯震震爲侯上互震亦爲侯有兩震故疊用王侯兩字然上九之位已在錯互之外故曰不事王侯高尙其事者其人雖不事王侯然能自食其力不爲天下之惰民觀康衢老人擊壤之歌始合此爻之

旨小象曰志可則也初六曰意上九曰志皆人事也則者何艮變坤在
後天爲對待坤巽又先後天同位故志通則法也

周易易解卷三終

周易易解卷四

錢塘沈紹勳撰

䷒臨　兌下坤上　京氏房曰坤宮二世卦

臨說文監臨也鄭氏玄曰大也　中爻互震互坤　上錯乾下錯艮

綜觀

臨元亨利貞至于八月有凶

臨十二月辟卦也臨具元亨利貞是坤之四德非乾之四德也臨卦上坤互坤坤德備矣兌在下兌亦坤爻故有元亨利貞之四德至于八月有凶如觀䷓八月卦䷒十二月卦臨觀相綜觀八月之卦也其時陰氣未至斗建酉臨斗建丑凶卽陰陽交戰之謂也鄭氏玄曰臨卦斗建丑而用事殷之正月也當文王之時紂爲无道故于是卦爲殷家著興衰之戒以見周改殷正之數云臨自周二月用事訖其七月至八月而遯卦

受之此終而彼始王命然矣鄭氏以遯爲臨之八月如屯之六二之十

年同人九三之三歲等解與義悖也

彖曰臨剛浸而長說而順剛中而應大亨以正天之道也至于八月有凶

消不久也

剛卽陽爻也由復而臨復一陽臨二陽陽爻日見浸長說兌也順坤也

剛中而應陽爻居九二之位與六五相應也陽浸長大亨之象剛中應

柔中正也天道者謂萬物之化育皆由陽德發舒而來言臨之盛也至

于八月有凶者言盛極必衰在觀卦時陰氣日潛君子道消之日也

象曰澤上有地臨君子以敎思无窮容保民无疆

馬氏融曰澤卑地高高下相臨之象也蓋臨者親民也親民者以敎思

容保民而已澤兌也地坤也以用也容包含遍覆之義无日不訓練其

民謂之敎无日不以利民爲心謂之思无日不以民事爲念使民各得

其所謂之保无窮者不限以一事无疆者不限以一國項氏安世曰敎

思无窮屬兌容保民无疆屬坤

初九咸臨貞吉〇象曰咸臨貞吉志行正也

初九變坎爲地水師☷☵此爻先後天同位之卦也故曰貞吉兌錯艮

爲澤山咸故曰咸臨九二爻同小象曰行正初九剛正以敎思感人則

人无不感應

九二咸臨吉无不利〇象曰咸臨吉无不利未順命也

九二變震爲地雷復☷☳兌錯艮爲澤山咸故曰咸臨兌變震震動也

兌說也動而說故无不利小象曰未順命也因兌綜巽巽爲命坤順也

順命者言坤與巽也今巽由綜而來其體未見故曰未

六三甘臨无攸利既憂之无咎〇象曰甘臨位不當也既憂之咎不長也

六三變乾爲地天泰☷☰此爻先天對待之卦故无咎甘者五味之一

土味也上坤坤土也兌爲口說也甘臨之象震有驚遠懼邇之象故曰憂又變乾乾九三惕若亦憂之象也小象曰位不當也陰柔居三失位故曰不當能憂則无咎蓋易以旣憂爲无咎也咎不長卽咎不生也

六四至臨无咎○象曰至臨无咎位當也

六四變震爲雷澤歸妹䷵上坤至卽至哉坤元之至也變震震爲足亦至之象也六五位之不當者也六四位之當者也何以曰當因六四居外卦之初也蓋巽之正位在四也巽屬陰四以陰居陰位故曰位當

六五知臨大君之宜吉○象曰大君之宜行中之謂也

六五變坎爲水澤節䷻坤之六三知光大也上坤故曰知臨坤錯乾乾大也又爲君故曰大君宜者乾鑿度曰臨者大也陽氣在內中和之盛應于盛位浸大之化行于萬民故曰宜小象曰行中行九五之位故曰中

上六敦臨吉无咎〇象曰敦臨之吉志在內也

上六變艮爲山澤損䷨此爻先天對待之卦也故吉无咎變艮艮爲山山高厚故曰敦小象言志志卽指先天對待也對待則同志在內者言外卦之艮其志在內卦之兌也

䷓觀　坤下巽上　先後天同位之卦也京氏房曰乾宮四世卦

觀八月之卦也史氏徵曰觀謂王者道德民所觀看也蓋觀有一種之象卽風行地上風有籟緣氣之所觸動而興替係焉天災人禍莫不由觀而來君子知觀之理修德於上而人民自然化之所謂聞風興起也

中爻互艮互坤　上錯震下錯乾　綜臨

觀盥而不薦有孚顒若

馬氏融曰盥者進爵灌地以降神也中爻互艮艮爲手巽潔也以手潔物盥之象也薦虞氏翻曰羞牲也是爲祭品古者聚人多以祭今春秋

社報禮本此凡有人類之處莫不如是禮始於祭祀雖宗教各有不同而其原於祭則一盥而不薦者謂祭之時雖无薦品但以盥之潔亦可昭其信而使民敬也觀爲八月卦秋祭也有孚謂先後天同位也同位則信顒馬氏融曰敬也卽嚴整之貌言祭時之情形也

彖曰大觀在上順而巽中正以觀天下觀盥而不薦有孚顒若下觀而化也觀天之神道而四時不忒聖人以神道設教而天下服矣

天下最難觀是人心聖人治平之道在正人心无非以誠而已服者以德服人如民日遷善而不知爲之者是也彖言觀有三義大觀在上指祀天也中正以觀天下謂以祀天而衆民所以觀天下之人心人心之淳漓卽其道德隆汙之應也下觀而化者道德足以服人人信而仰之也順指坤言神卽天下至卿之神道卽一陰一陽之道神不可以形求道不可以物喩觀天之所顯如四時不忒是已觀卦言神重在四時不

式春神勾芒夏神祝融秋神蓐收冬神玄冥卽堯典羲仲羲叔和仲和叔四宅是也立此四宅无非欽若昊天敬授人時而已所謂神道坎離震兌之大化氣也鄭氏玄以互體有艮艮爲鬼門又爲宮闕地上有木而爲鬼門宮闕者天子宗廟之象也鄭氏以艮互釋神其義似小且天子爲卦所无按說文示者天垂象見吉凶所以示人也從二古文上字三垂日月星也觀乎天文以察時變示神事也故凡社神祇皆從示良耜詩序所謂秋報社稷者于此行焉正觀之時也教者祀神之時有儀注歌舞禮樂使民觀之卽示民以教也

象曰風行地上觀先王以省方觀民設教

風巽也地坤也風行地上萬物賴以生殺且无孔不入省方者省察各方也觀民者觀民之俗尙也設敎者因其方其民之所宜而訓迪之也上巽巽多白眼省與觀之象艮爲手設之象坤爲地方之象坤又爲衆

民之象巽爲命教之象

初六童觀小人无咎君子吝○象曰初六童觀小人道也

初六變震爲風雷益䷩互艮艮爲少男童之象鄭氏玄曰童稚也童觀者如童蒙之見人无遠慮之謂也小人下觀而化者也故无咎君子則當中正以觀天下今不及于遠故吝此爻本先後天同位元吉今變爲益下卦之坤爲雷在地中象陰欲動而衆陰抑之是君子不能有爲之時也故吝小象曰小人道也因觀其小未觀其大爲小人之道

六二闚觀利女貞○象曰闚觀女貞亦可醜也

六二變坎爲風水渙䷺闚門內竊視也上互艮艮爲門闕今變坎坎錯離離爲目目在內卦門在內卦外卦之間目由門闕而出坎爲隱伏暗昧之觀闚之象下互坤坤爲母故曰女闚者見其近未見其遠婦女之見故曰利女貞若丈夫效之不能大觀而爲妾婦之道可是醜也故

侯氏果曰處大觀之時而爲闚觀女正則利君子則醜是也小象之亦字承上文言也

六三觀我生進退○象曰觀我生進退未失道也

六三變兌爲風山漸☴☶坤性順多孕生生不已故爲子母牛生之象上巽巽爲進退不果故曰進退今變艮艮止也又爲徑路道之象止于徑路卽徘徊歧途之意心不能專一也中爻互變坎坎爲疑疑則不能自决也今曰我生言動作發于自己也如此則立身行己乃能决進退之幾小象言道道卽路也艮坤對待故未失道

六四觀國之光利用賓于王○象曰觀國之光尚賓也

六四變乾爲天地否☰☷由童而門由門而道由道而國觀之道曰見其大矣坤爲國光者中爻互艮艮之象曰其道光明故曰光變乾乾爲王不在本卦而在變卦故曰賓王之賓也又九五王位也今四爻尚未

至五爻故亦曰賓又以月卦論觀爲八月卦鴻雁來八月之賓九月也
九月爲剝其始候爲鴻雁來賓故亦曰賓變乾乾金性利故曰利用以
也國之光言其人之德光華照于國內王能以賓禮待之以爲國人矜
式斯得大觀之旨
九五觀我生君子无咎○象曰觀我生觀民也
九五變艮爲山地剝䷖我生觀我之動作足以利民否故小象曰觀
民也言我生當從民方看出因上巽巽爲股今變爲艮艮爲手民之于
國由股肱手足之于身也民生不厚則國且不國矣故君子之觀民以
我所生卽民所生也視民如喪者近是
上九觀其生君子无咎○象曰觀其生志未平也
上九變坎爲水地比䷇觀其生以民之動作以觀己之教化也其者
指民言變比比者輔也言民各有所藉以生所謂衆人熙熙如登春臺

則國治矣因變坎坎爲通言上下之氣通則國治而天下平矣此爻先後天同位之卦也故氣通通則无咎小象曰志未平也志者指水土同位言平者水之性上巽巽爲風風吹水面則波浪出未平之象也

䷔噬嗑　震下離上　先後天同位之卦也京氏房曰巽宮五世卦

噬齧也嗑合也齧之合以口口有兩唇上下相合此卦先後天同一卦位故曰合　中爻互艮互坎　上錯坎下錯巽　綜賁

噬嗑亨利用獄

噬嗑震爲雷離爲火雷發火電也天地鬱積之氣得雷霆以發之治獄之象因互坎一陽陷于三陰之中故獄象上離離爲火又爲日明也治獄者能明則訟无不斷上互坎坎爲法律下互艮艮止也是以能制一切之物而悉合于法以補救之也

彖曰頤中有物曰噬嗑噬嗑而亨剛柔分動而明雷電合而章柔得中而

上行雖不當位利用獄也

頤中有物按頤之卦爲☶☳象人口今噬嗑爲☲☳與頤互較增多一陽是口中已含物也是則口中虛爲頤故頤必自求口實以養也在噬嗑則口中已有物則實矣猶囚在囹圄之中決而去之是亨道也分者未合之時也兩唇柔也齒剛也動震也明離也震離先後天同位故動而明則二體合矣雷乃聲電乃光一物也故曰合合而成文故曰章柔離也剛震也中指六五言柔居之故曰不當利用獄者動如雷之能斷明如電之能察柔而得中其人治獄有哀矜之心不以陽剛用事而息心靜氣而治之也利指齒言

象曰雷電噬嗑先王以明罰勑法

雷動則威電發則明二者相合故曰噬嗑明罰敕法非在人犯罪之後當愼之于先勑鄭氏玄曰猶理也曰明曰勑皆示民好惡制之於未然

使民遵守則獄自无矣

初九屨校滅趾无咎○象曰屨校滅趾不行也

初九變坤爲火地晉䷢屨校干氏寶曰貫械也以械爲屨因震爲足上互坎坎爲桎梏桎梏加于足上故屨校互艮艮爲指足指爲趾刑之至輕者也小象曰不行也校加足上是不得行也然懲之而能誡是无咎也且震得正位故无咎釋見繫傳下第五章

六二噬膚滅鼻无咎○象曰噬膚滅鼻乘剛也

六二變兌爲火澤暌䷥噬膚沈氏該以爲易服九家艮爲膚變兌兌爲口噬嗑又加口其噬也烈有噬膚之象鼻虞氏翻以艮爲鼻蓋艮爲臭臭與鼻通是也至解滅則云鼻沒水中坎中隱藏不見則誤矣蓋滅者傷也滅鼻卽古之劓刑也雖傷尙不至喪亡故曰无咎且坤得正位亦无咎也小象言乘剛也震陽卦故剛震爲馬乘之象詳見屯之六二

六三噬腊肉遇毒小吝无咎○象曰遇毒位不當也

六三變離爲重離䷔變離日也火也上又離則日與火更烈矣腊腊肉也周官掌乾肉曰腊人蓋腊肉者必火灸之或日暴之始成腊爲堅韌之物噬之不易遇者凡先後天同位之謂也先後天之離卽後天之震今震變離遇也毒者相刑之意因此爻內卦爲震（一庚辰土 ╌庚寅木 一庚子水）外卦爲離（一己巳火 ╌己未土 一己酉金）本无毒也今六三變離（✕己亥水）則己亥與上九之己巳相遇是巳亥相害也故曰毒然巳亥之水巳爲庚辰之土所制雖不能剋制己巳之火然不免有害于己巳故小吝而終无咎也

小象曰位不當也因三爲陽位今陰居之故曰位不當

五四噬乾胏得金矢利艱貞吉○象曰利艱貞吉未光也

九四變艮爲山雷頤䷔此爻先後天同位也故曰得胏子夏傳作脯馬氏融曰有骨謂之胏是肉之連骨者也肉連骨本堅至乾胏則更堅

者也不可噬離先天之位爲乾乾屬金離爲戈兵矢之象曰金矢合乾離同位言也金矢言其剛也易以艱貞爲吉此爻先後天同位本吉如得乾胏而噬之味雖不美究肉味也故曰艱貞吉小象曰未光也離爲日爲火爲電皆光也今離變艮艮止也光而止未光之謂也

六五噬乾肉得黃金貞厲无咎○象曰貞厲无咎得當也

六五變乾爲天雷无妄䷘先天之乾卽後天之離今外卦之離變乾是先後天同位也蓋離之變乾无非中有己土之作用土色黃居中央故曰黃卽皇極是也乾者金也故曰黃金小象曰得當也凡先後天同位卽得當也

上九何校滅耳凶○象曰何校滅耳聰不明也

上九變震爲重震䷲鄭氏玄曰離爲槁木坎爲耳耳在木上何校滅耳之象也何荷古今字故朱子本義作負負卽荷也然不必定作負荷

解因震動也然震自坎而來坎陷也陷于動雖動亦不動也故曰何與
又何咎也之何同如本字中爻互坎坎爲耳此爻居中爻互坎之上故
有滅耳之象形容桎梏也因坎爲桎梏也古之刑法滅趾刵也滅鼻劓
也滅耳刵也小象曰聽不明猶言聽不聽也坎爲耳坎變震是坎已動
故聽不聽也因滅耳故也凶字釋見繫傳下第五章

䷕賁　離下艮上　京氏房曰艮宮一世卦

賁說文飾也鄭氏玄曰變也文飾之貌　中爻互坎互震　上錯兌下

錯坎　綜噬嗑

賁亨小利有攸往

離下火也故亨離陰卦也故曰小卦互震坎艮止于上坎險于下雖欲
震動不利大行小有所之也在世將亂政尚虛僞故戒之以賁下離文
之盛上艮由文而質歸眞返樸之意故上三爻皆取象于白白者質也

非賁也孔子曰文質彬彬然後君子賁卦似之利有攸往者後天之數
艮八離九相連故也
彖曰賁亨柔來而文剛故亨分剛上而文柔故小利有攸往天文也文明
以止人文也觀乎天文以察時變觀乎人文以化成天下
賁亨釋賁之全體也賁之大象似重離重離故亨柔來而文剛故亨釋
下離也離在內卦故曰柔來凡陰之體其文剛剛陽也故亨亨者離也
分剛上而文柔故小利有攸往釋上艮也艮在外卦故曰剛上凡陽之
體其文柔柔陰也分者別卦爻之剛柔也柔來文剛者以離之文發爲
天文如日月星辰皆剛也剛上文柔王氏廙曰山下有火文明相照夫
山之爲體層峯峻嶺峭麗參差被日光照耀如以雕飾而見文章賁之
象也此文採諸口訣義與李氏鼎祚易傳所引者詞句略有出入王氏
此說曲盡剛上文柔之意天文也之上或謂有剛柔交錯四字其實不

然彖之所謂亨故亨故小利有攸往其賁之象皆由天文而來也由天文而及于人文无非以離之文明以艮之止所謂止者止其所也詳考艮卦彖辭知剛柔交錯四字之无謂觀指離言察明也亦言離也天文日月星辰是也因其光晦明而察災祥人文風俗禮教是也離火化之象艮止成之象在上古之世風俗樸厚初不知有賁迨文明日進宮室賁山藻衣服賁黼黻其繪事象形皆由日月星辰而來賁之離下艮上古之昭其文者以火以山爲多論語臧文仲居蔡山節藻棁竊取賁卦之意耳山以草木爲賁故上從卉卉者草木之至賁也離中虛大則爲火爲日爲電至賁者也細至于爲鼈爲蟹爲蠃爲蚌爲龜而亦有文采故下從貝貝者水族之至賁者也

象曰山下有火賁君子以明庶政无敢折獄

山艮也火離也明離之象庶衆也如賁之五色陸離也折獄亦明也无

敢艮止之意噬嗑利用獄而與賁綜故无敢折獄上錯兌兌爲毀折故
曰折獄折獄者言不用獄也故鄭氏玄曰折斷也兌秋司令故刑官曰
秋官艮色白故爻多言白凡獄之平反者亦謂之白
初九賁其趾舍車而徒○象曰舍車而徒義弗乘也
初九變艮爲重艮䷳坎爲輿車之象坎爲水水性流動如車輪之運
轉今變艮艮止也舍之象有車而不以車行也變艮艮爲趾凡陽在下
者動之象因初爻爲震之正位也動其趾行之象徒步行也中爻互震
震爲大塗爲足足行于大塗徒行也因履之賁安步而行自賁其履非
賁車也故王氏肅曰在下故稱趾既舍其車又飾其趾是徒步也義確
小象曰義弗乘也義字自王氏弼以不義釋之大悖經義義弗乘也非
不義弗乘也何以賁其趾其義在舍車而徒耳義在弗乘車
六二賁其須○象曰賁其須與上興也

六二變乾爲山天大畜䷙乾爲首須面毛也賁人之首者也變離麗也又中虛首之有鬚眉髮皆麗首之物也須之麗于首最爲虛立也中互坎坎爲血卦血之餘爲髮由坎而乾坎後天之下乾先天之上也故小象與上興也興與衰相反陽氣盛故生須男女面目相同惟以須別之識得此理則乾坤坎離之大用可知矣此爻先後天同位面之有須亦大畜也故人留須謂之畜須

九三賁如濡如永貞吉○象曰永貞吉終莫之陵也

九三變震爲山雷頤䷚此爻先後天同位之卦也故辭簡待人自悟耳變震震又與離先後天同位且中爻互卦坤氣亦相通故曰永貞吉永貞者卽坤用六利永貞之永貞也此爻變震則中爻亦變爲坤故也盧氏曰賁如有離之文以自飾濡如有坎之水以自潤也濡者詩曰六轡如濡謂所飾之文采鮮澤也小象曰終指上艮言陵者艮爲山陵之

象陵侮也卦位之氣相通吉可卜也又誰能侮之

六四賁如皤如白馬翰如匪寇婚媾○象曰六四當位疑也匪寇婚媾終无尤也

六四變離爲重離☲☲六四可悟離之九四賁如者指外卦變離言也皤孟氏喜曰老人頭白也中爻互坎坎白色故曰皤如白馬陸氏績曰震爲馬爲白故曰白馬翰如因賁上互震震于馬也爲的顙的顙者馬額上有白顛亦賁如也翰鳥飛也翰如言馬疾如飛鳥也因離爲雉鳥象也變離與下離遇婚媾之象中爻互坎坎爲盜匪寇之象蓋賁下離中女也上艮少男也中爻互坎中男也互震長男也三男一女故曰匪寇婚媾小象曰當位卽當六四之位也六四之位巽也本陰位也故曰當位然中爻適當坎坎爲疑終指艮言崔氏憬曰以其守正待應故終无尤是也

六五賁于丘園束帛戔戔吝終吉〇象曰六五之吉有喜也

六五變巽爲風火家人䷤荀氏爽曰艮山震林失其正位在山林之間賁飾丘陵以爲園圃隱士之象也巽爲帛子夏傳五疋爲束三玄二纁爲陰陽巽數五故曰束帛戔戔小也子夏傳作殘殘亦小也如水之小曰淺金之小曰錢歹之小曰殘貝之小曰賤是也上錯兌兌說也故小象曰有喜此言人當盡力農事不求衣服之美觀雖吝終吉也終者艮也

上九白賁无咎〇象曰白賁无咎上得志也

上九變坤爲地火明夷䷣艮上艮色白故曰白賁白无采色何以曰賁蓋文之極以質終也艮變爲坤後天對待之位也故无咎且易之大用在二八易位二八者卽艮坤也艮坤一易位則氣通故无咎小象曰得志志者心之所至也艮坤卦位同志之卦位也

䷖剝　坤下艮上　後天對待之卦也京氏房曰乾宮五世卦

剝說文裂也馬氏融曰落也　中爻互坤　上錯兌下錯乾　綜復

剝不利有攸往

剝九月之卦也其時陰盛陽衰粉飾太平則小人長世文而无質必剝

象曰剝剝也柔變剛也不利有攸往小人長也順而止之觀象也君子尚消息盈虛天行也

柔坤也剛艮也下坤上艮柔變剛也順而止之下坤順也上艮止也觀象也者觀八月之卦也觀二陽四陰剝一陽五陰消息盈虛剝九月之卦天行至此由消而息由盈而虛如草木黃落之類是也

象曰山附于地剝上以厚下安宅

山艮也地坤也厚指坤言卽厚載物是也剝卦諸爻多以牀牀者安宅之至者也卦有牀象一剛長而據于上牀身也五柔短而承于下足與

辨也艮爲門闕在外卦門以內宅象

初六剝牀以足蔑貞凶〇象曰剝牀以足以滅下也

初六變震爲山雷頤䷚牀來氏知德補象艮爲牀牀置地故下卦爲坤今變震震爲足牀者人之所安也牀之足尤爲安牀之要具今足有裂象人漸不安矣故曰以足蔑卽滅馬氏融曰无也盧氏曰蔑滅也與小象通下卦之初爻爲下

六二剝牀以辨蔑貞凶〇象曰剝牀以辨未有與也

六二變坎爲山水蒙䷃辨黃氏穎曰牀簀也薛氏虞曰辨膝下也辨在足之上剝漸盛及于辨在人益不安故凶凡陰陽相應曰與二五皆陰故象曰未與

六三剝之无咎〇象曰剝之无咎失上下也

六三變艮爲兼山艮䷳艮止也六三變艮三艮之正位也亦止也此

之字卽指艮止言止于剝言剝无可剝也小象曰失上下也上指六二言下指六四言此爻中爻皆互坤今六三變艮則中爻爲震爲坎震坎皆陽以間坤之衆陰猶君子出而小人有所顧忌是失上下上下者小人之上下也坤爲朋上下卽朋也

六四剝牀以膚凶○象曰剝牀以膚切近災也

六四變離爲火地晉䷢變離中爻互變爲艮艮荀九家易爲膚離爲火故小象用災字今北人九月之後以火煖牀下晉二月卦也二月撤火否則災也中爻變坎坎爲血卦又爲通若火烈而不通必災及膚而出血也此言水火可以養人若用之无度則爲災切近言近之至也故鄭氏玄曰切急也

六五貫魚以宮人寵无不利○象曰以宮人寵終无尤也

六五變巽爲風地觀䷓觀者有以示人而爲人所仰者也變巽爲魚

魚者牀之飾壯觀之物兆多子也又巽爲繩直貫象徐氏邈曰穿也艮爲閽寺居宮人之所宮人之寵但知貫魚之飾而不預聞政事故无不利小象言无尤尤卽不利也

上九碩果不食君子得輿小人剝廬○象曰君子得輿民所載也小人剝廬終不可用也

上九變坤爲純坤䷁艮爲果蓏又爲小石虞氏翻以碩爲石古文通果如石不可食卽核也核者剝之盡者也故居上九錯兌爲口而艮止之不食之象然核爲仁仁者木之賴以生也君子不食迨其成材得之可以爲輿因坤爲輿變坤則得輿小人則否必剝而食之至剝廬時則无材可取因艮爲門闕廬象也今變爲坤則艮已失剝廬之象小象民所載也坤爲衆民也坤爲地坤能載物故曰載君子德及于民不獨得輿自載而已且能澤及于民也終不可用也言碩果已食材木不可

生長至剝廬時乃无材可用喩君子小人憂慮有遠近之別也

䷗復　震下坤上　京氏房曰坤宮一世卦

復說文往來也　中爻互坤　上錯乾下錯巽　綜剝

復亨出入无疾明來无咎反復其道七日來復利有攸往

復十一月之卦陽生于子也世无永剝剝極則復十月之卦爲坤坤純陰也陰極而一陽來復故許氏愼以往來釋復陰陽消息之理盡矣出入无疾疾速也日出日入言天行也天行卽四時之運行无疾者言有一定之次序不能遲速也朋來无咎坤之後天卦位以西南爲得朋東北爲喪朋今上震震在東喪之象也然中爻皆互坤喪朋而又得朋也亦復象也无咎者陽動于上而順上行也反復其道反復卽俗卜者謂之反吟伏吟揆諸理凡本宮所叢對宮所犯爲反復今復卦上下互坤叢之謂也叢則必犯對宮如夬姤剝諸卦皆如是道一陰一陽之謂道

是也七日來復易緯稽覽圖云甲子卦氣起中孚每卦得六日七分每爻得一日有奇至六日七分後中孚盡而復來矣故曰七日來復利有攸往者後天之數坤二震三兩數相連故曰利有攸往

象曰復亨剛反動而以順行是以出入无疾朋來无咎反復其道七日來復天行也利有攸往剛長也復其見天地之心乎

出入无疾朋來无咎全說復亨剛反之意剛陽也剛長言一陽來復陽漸長也由復而臨由臨而泰由泰而大壯由大壯而夬由夬而乾剛長之理也天地之心卽太極之心因先天卦震坤連比震四由乾一兌二離三而來坤八由巽五坎六兌七而來一順一逆坤震相比故動動指陽爻在下也一陽初動故曰復蓋先天卦位乾處積陰之中得震而動

復爲陽也乎爲歎美詞

象曰雷在地中復先王以至日閉關商旅不行后不省方

震爲雷坤爲地冬至一陽生雷在地中象也至日卽冬至之日日復至故曰至日各家閉關以休息也按闔戶爲坤閉關象震爲大塗行之象震錯巽巽近利市三倍商旅象也坤錯乾乾爲君后象也坤爲地方也巽爲命省之象在至日上下休息陽欲動則衆陰抑之故不行不省方象也易緯通卦驗曰冬至日始人主不出宮商賈人衆不行者五日兵革伏匿不起人主與羣臣左右從樂五日天下人衆亦在家從樂五日以迎日至之大禮按五日者以五日一候也

初九不遠復无祇悔元吉〇象曰不遠之復以修身也

初九變坤爲純坤☷☷釋見繫傳下第五章變在初爻故曰不遠復者後天卦位此爻爲坤宮初世之卦也今變坤在坤宮仍爲上世之卦復者復爲上世也凡卦復爲元位者亦曰元吉祇陸氏希聲曰適也朱子作抵抵者及也按行道未至曰遠已至曰抵因卦下震震爲大塗象道

路故以遺祇象之其理言凡人有過能復爲善而不祇于悔故元吉此

小象所以以修身釋之

六二休復吉〇象曰休復之吉以下仁也

六二變兌爲地澤臨☷☱臨至于八月有凶休者息也下震震本動今變則不動息也休之象復而變臨消息之道備矣德之至美者也是无所艱難不煩困苦利而行之大誓所謂其心休休焉是也故吉小象曰以下仁也易于六十四卦中言仁者有二乾與復之六二而已仁者果也震爲木仁者木之根因陽在下動之象動則木生也復十一月之卦也臨十二月之卦也臨之陽氣較復爲盛然陰也故造化之功復强於臨下猶言臨在復下也

六三頻復厲无咎〇象曰頻復之厲義无咎也

六三變離爲地火明夷☷☲頻者朱子以爲屢失屢得之象是也因變

離離火也火性不定故有屢失屢得之象人之修身改過最難當此之時時以厲自勵而得无咎也小象言義易以金爲義因坤錯乾乾金也健也

六四中行獨復○象曰中行獨復以從道也

六四變震爲重震☳✕☳震爲足又爲大塗四爻爲中中行之象變震與下震比復也今世俗占者謂之復吟因木宮所叢故也小象曰道卽一陰一陽之謂道也六二曰仁今六四曰道二四相應故曰從易言中每在二五兩爻此爻六四言中是兼三才而兩之三四兩爻爲全卦之中也

六五敦復无悔○象曰敦復无悔中以自考也

六五變坎爲水雷屯☵✕☳變坎中爻變爲艮艮爲山山形博厚敦之象又坤順也艮止也順而止之故无悔小象曰中以自考也中指六五言

因五爻居外卦之中也考鄭氏玄曰成也言成敦之象由中爻而成也

上六迷復凶有災眚用行師終有大敗以其國君凶至于十年不克征○

象曰迷復之凶反君道也

上六變艮爲山雷頤䷚坤爲迷變艮艮止也止于迷則迷而不知復也頤之大象象離離爲火災也錯爲坎坎爲隱伏眚也在子夏傳傷害曰災妖祥曰眚又坤爲衆師之象艮止也師止大敗之象以其國君凶上坤國也下震君也故曰國君以用也今變艮艮爲門闕閽寺則號令不能行于四方豈君象哉故凶十年坤變艮卦畫奇耦之數十故曰十年陰爻曰年言至于者因上六居首極言之也征進也言迷復之極縱使改悔雖至十年之久亦不能復其君道也此爻雖先天同位然中爻兩坤迷之極故凶

䷘无妄　震下乾上　京氏房曰巽宮四世卦

无妄者出于天理之自然无一毫私欲在于其間誠也所謂眞實不虛者是也何氏妥曰乾上震下天威下行皆齊絜不敢虛妄也　中爻互艮互巽　上錯坤下錯巽　綜大畜

无妄元亨利貞其匪正有眚不利有攸往

以震動乾故元亨利貞然二陰爻間之故曰匪正卽有眚眚卽復卦災眚之眚也復來則无妄然陽之至无妄之誠在於自持故不利有攸往

彖曰无妄剛自外來而爲主于內動而健剛中而應大亨以正天之命也其匪正有眚不利有攸往无妄之往何之矣天命不祐行矣哉

動而健震動也乾健也剛中而應二五二爻陰陽得位故曰應无妄之卦震下草木之象乾上大之象天光照草木萬物資生人類得以生長故象以先王以茂對時育萬物重言天命之所祐也六二六三兩爻故切震言之

象曰天下雷行物與无妄先王以茂對時育萬物

乾天也雷震也物與卽物物一太極之意朱子所謂萬物各正其性命是也萬物能具自然之性命卽无妄對時育物言視時之若何以教育萬物也

初九无妄往吉○象曰无妄之往得志也

初九變坤爲天地否☰☷先天卦位天地定位无妄者言地之萬物得天之氣自然而生長也下震動也變坤順也萬物在地動乎自然而生長則无妄之理也凡過對待之卦爻繇辭必簡使人自悟耳易凡言往者皆指外卦言往吉者變則往于對待之位天地定位故吉也

六二不耕穫不菑畬則利有攸往○象曰不耕穫未富也

六二變兌爲天澤履☰☱震司春令農事始興上卦乾象農具互艮艮爲手象種植菑畬馬氏融曰菑田一歲也畬田三歲也董氏遇曰菑反

草也畬耨曰畬今變兌兌爲毀折又其於地也爲剛鹵故爲不耕穫不菑畬之象小象曰未富因六二虛爻富未可必也易例陰爲虛陽爲富惰于農事未富之象利有攸往禮坊記下有凶字

六三无妄之災或繫之牛行人之得邑人之災○象曰行人得牛邑人災也

六三變離爲天火同人䷌變離離爲火火能焚木災象也互變艮艮爲手互變巽巽爲繩直離爲牝牛故曰繫牛或者未定之辭言繫由中爻變而來也行人者震爲大塗又爲足行之象三四兩爻爲人爻故曰行人邑人之災者乾錯坤坤爲邑變離離爲火災之象因牛能耕今其邑人繫牛以與行人而不事耕作故有災此爻先後天同位故无咎无譽

九四可貞无咎○象曰可貞无咎固有之也

九四變巽爲風雷益䷩變巽則風雷對待故曰可貞因四入乾體互變爲坤坤安貞安于天德是可貞也小象曰固有之也言卦之體固有之不必他求也

九五无妄之疾勿藥有喜○象曰无妄之疾不可試也

九五變離爲火雷噬嗑䷔變離則中爻變坎坎爲心疾病象藥者乾爲金艮爲石藥之品也勿者艮止之故曰勿藥小象曰不可試也因互巽則錯兌兌爲口試也今已變離而錯亦非兌矣故曰不可試此爻先後天同位故吉

上九无妄行有眚无攸利○象曰无妄之行窮之災也

上九變兌爲澤雷隨䷐兌爲毁折故有眚下震行象小象言窮者極也指上九言不順天命者當時位窮極之際不可行而行故有眚此爻先後天同位變兌兌之正位在上六不進則无咎進則有眚

䷙大畜　乾下艮上　先後天同位之卦也京氏房曰艮宮二世卦

大陽也乾艮皆陽卦也畜養也　中爻互兌互震　上錯兌下錯坤

綜无妄

大畜利貞不家食吉利涉大川

艮爲門闕家之象互兌口食之象也賢者畜德之極國家能養之可以食祿矣食祿於朝不家食之謂也故吉下乾乾健也中爻互震震動也健而動於兌澤之上故曰利涉大川

彖曰大畜剛健篤實輝光日新其德剛上而尙賢能止健大正也不家食吉養賢也利涉大川應乎天也

剛健指乾也篤字從馬乾爲馬艮止也乾健而艮止則馬行頓遲篤之象艮爲山實也輝光管氏輅曰朝旦爲輝日中爲光亦艮象重艮之彖曰其道光明謙之象曰下濟而光明又曰尊而光皆謂艮也艮在上故

曰下濟大畜言德日進之象焉馬牛豕人之所畜其生也繁故九三六四六五三爻取之曰逐曰牿曰牙狀人之進德亦有此三事焉應乎天者卽應乎乾也

象曰天在山中大畜君子以多識前言往行以畜其德

天在山中言所包者廣也向氏秀曰天爲大器山則極止能止大器故名大畜也言者指互兌言兌爲口言之所出也行指互震言震爲足行也人之畜德與畜馬牛豕同德不畜不進猶馬牛豕不畜不繁也前言者先聖之言也往行者往哲之行也多識其言行爲畜德之要也蓋人畜德者始能畜賢畜德者己也畜賢者推己及人也

初九有厲利己○象曰有厲利己不犯災也

初九變巽爲山風蠱䷑厲懼也凡易例厲多吉蠱之初六厲終吉乾之九三厲无咎因乾之九三互爻變巽巽爲進退厲有接厲之意進退

之象也已止也卽艮象也利已者猶言利之所止也小象言災災卽厲也能厲故不犯災

九二輿說輹○象曰輿說輹中无尤也

九二變離爲山火賁☲☶乾運轉不息又爲圜輿象輹車下縛也變離離中虛說輹之象又互兌兌毀折亦說象說同脫言出口爲脫馬氏融曰解也說輹則輿不能行因上艮艮止也小象言中因九二居中故曰中

九三良馬逐利艱貞曰閑輿衛利有攸往○象曰利有攸往上合志也

九三變兌爲山澤損☶☱逐京氏房曰進也說卦乾爲良馬互震震爲作足之馬言良馬能逐作足之馬也曰閑輿衛曰鄭氏玄作日謂日習車徒也上良馬逐而過艮止之是不進也故曰艱貞言馬雖良而不閑雖逐何益不如日閑輿衛進退有節乃利有攸往也小象曰上合志也

上內卦九三爻也合志者因先天卦位山澤通氣對待之卦也對待則合志

六四童牛之牿元吉○象曰六四元吉有喜也

六四變離爲火天大有䷍變離離爲牝牛艮爲少男童之象童牛之角力微牿者横木置角端以防觸楅衡是也說文作告牛角横木也互兌兌說也故有喜此爻亦先後天同位故元吉

六五豶豕之牙吉○象曰六五之吉有慶也

六五變巽爲風天小畜䷈變巽則中爻變爲離離錯坎坎爲豕豶劉氏表曰豕去勢曰豶去勢離中虛之象也牙者杙也稗雅云以杙繫豕也因變巽巽爲繩直繫之象豶豕則暴以牙制之則吉上卦艮艮止也下互兌上錯兌兌說也止于說有慶之象

上九何天之衢亨○象曰何天之衢道大行也

上九變坤爲地天泰☷☰衢馬氏融曰四達謂之衢鄭氏玄曰艮爲手手上肩也乾爲首首肩之間荷物處乾爲天艮爲徑路天衢象也按鄭氏以何作荷衢非能荷且艮爲徑路亦非衢象易例上爲天言天衢本不能步變坤爲泰泰通也道已大行雖天衢亦何畏哉何如字兌之正位在六兌者坤之屬故亨且先天對待亦亨道也

☶☳頤　震下艮上　先後天同位之卦也京氏房曰巽宮遊魂也

頤說文頷也頤爲二十七卦春秋攷異郵曰三九二十七七者陽氣成故虎七月而生陽立于七故首尾長七尺般般文者陰陰雜也故頤之六四言虎艮數七　互坤　上錯兌下錯巽　无綜

頤貞吉觀頤自求口實

頤卦上下兩陽爻象兩唇二至五四陰爻象齒如人之口故頤卦有食之象言之象

彖曰頤貞吉養正則吉也觀頤觀其所養也自求口實觀其自養也天地
養萬物聖人養賢以及萬民頤之時大矣哉
頤中互坤故曰貞觀頤觀國之養賢也故曰所養自求口實言人人能
自食其力也故曰自養頤卦言養之備聖人能養賢則萬民皆能養養
賢以爲萬民表率則國无閒民矣故乾坤鑿度曰養身法頤

象曰山下有雷頤君子以愼言語節飮食
艮止也震動也動而能止愼與節之謂也因言語多必失飮食多必病

初九舍爾靈龜觀我朵頤凶○象曰觀我朵頤亦不足貴也
初九變坤爲山地剝䷖郭氏璞以頤爲龜因頤之本卦二陽抱四陰
形如離離爲龜虛中故靈周禮天龜曰靈龜今變坤故曰舍朵鄭氏玄
曰動也凡卦陽在下者動之象小象亦字須與上九參看之頤卦初九
上九均變爲陰易例陰賤陽貴故曰亦不足貴也靈龜喻君子之畜德

朵頤喻小人之得祿言小人但知利祿不若君子之神而明之如靈龜
然也爾我兩字文意至隱此時在君子无所養而小人竊祿自誇以輕
君子也
六二顚頤拂經于丘頤征凶〇象曰六二征凶行失類也
六二變兌爲山澤損☶☱顚倒置也拂薛氏虞曰違也經王氏肅曰常
也倒置其頤爲違常之道上而求養于下顚頤也上卦艮艮爲山丘象
也艮在上故曰于丘言賢人隱居于丘國家不能養之使自求口實故
征凶小象曰行失類也變兌則下體變震震爲足行之象震長男也今
變兌爲少女男陽女陰不同類故曰失失類者失賢也此爻先天對待
若頤不顚經不拂則无咎頤顚經拂變兌金害木也故征凶
六三拂頤貞凶十年勿用无攸利〇象曰十年勿用道大悖也
六三變離爲山火賁☶☲十年勿用頤卦卦畫奇耦之數十故十年象

艮止也故曰勿用小象曰道大悖也中爻變互震震爲足又爲大塗道之象又中爻變坎坎爲陷悖之象言國家不能養賢或養而不能用于道爲大悖

六四顚頤吉虎視眈眈其欲逐逐无咎○象曰顚頤之吉上施光也

六四變離爲火雷噬嗑䷔兌爲虎因艮錯兌也艮亦爲虎詳見履卦離爲目故曰視上卦艮變離中爻又爲艮艮重故用眈眈逐逐疊字眈眈馬氏融曰虎下視貌逐逐薛氏虞曰速也欲情慾也因上離互坎慾之象參履卦不咥人故无咎小象言光指變離言因離爲火爲日爲電皆光也麗之象施者發也上言九五爻也言君不能養賢而大臣養之顚頤之象雖不慊于君然猶吉也此爻先後天同位故无咎

六五拂經居貞吉不可涉大川○象曰居貞之吉順以從上也

六五變巽爲風雷益䷩言國家養賢于違常之際在君子知艮止之

意隱居不出爲貞吉不可以進是不可涉大川也頤卦陽居初上兩爻中四爻均爲陰爻象似舟本可涉川今變爲巽巽爲風舟遇風不可涉小象曰順以從上也中爻坤坤順也從上從上卦之艮止危邦不居之義然先天對待故貞吉

上九由頤厲吉利涉大川○象曰由頤厲吉大有慶也

上九變坤爲地雷復䷗坤順也故利涉上錯兌兌爲澤大川之象由行也厲王氏肅曰危也小象言大有慶也錯兌兌說也慶之象言國家能行頤之道以養賢雖厲亦吉養賢則國家安而萬民皆安此之謂大有慶如此則野无遺賢雖在危厲之時而國可定矣

䷛大過　巽下兌上　先後天同位之卦也京氏房曰震宮遊魂卦

大陽也過盛也項氏安世曰越而過所謂過猶不及是也朱氏震曰大過十月小雪氣也故曰枯楊生稊枯楊生華　中互乾　上錯艮下錯

震　无綜

大過棟橈利有攸往亨

大過中四爻陽象棟上下二陰象支全卦又象棺槨生則宮室死則棺槨也橈摧折之象利有攸往先天之數乾之左右爲兌巽二卦今中爻皆互乾故有攸往

彖曰大過大者過也棟橈本末弱也剛過而中巽而說行利有攸往乃亨大過之時大矣哉

大過十月小雪氣也故曰白茅枯楊咸冬時物也本末弱也易例初爲本上爲末今兩爻皆陰陰柔也故曰弱大過在上經坎離之前小過在下經旣濟未濟之前過此各盡水火之功用此卦中爻皆互乾去初上兩爻皆乾也乾者元亨利貞故曰剛過而中剛者乾也中卽中爻乾也

象曰澤滅木大過君子以獨立不懼遯世无悶

澤滅木巽木也在下兌澤也在上澤上之水泛濫而滅木大過之象也獨立者木立水中象中互乾乾健也故不懼澤滅木則木不見遯世之象无悶者上兌兌說也說則无悶是君子樂其樂而利其利之意大過初上兩爻變卽爲乾乾之初九潛龍勿用是遯世无悶乾之上六亢龍有悔亢則有悔苟能獨立不懼知進退存亡而不失其正何悔之有

初六藉用白茅无咎○象曰藉用白茅柔在下也

初六變乾爲澤天夬䷪釋文見繫傳第八章藉借也巽柔木茅象互乾乾色白故曰白茅棟將橈蔽以至輕之白茅可不摧折以禦風雨也小象曰柔在下也棟之將橈在本之不固因陰爻在下也陰柔也故不固

九二枯楊生稊老夫得其女妻无不利○象曰老夫女妻過以相與也

九二變艮爲澤山咸䷞楊澤木也木而大過之時時過兌之正秋枯之象也稊鄭氏玄謂成木更生也植楊易枯過秋後必芟其枝使其下

滋而上益潤則茂盛易故曰稊互乾乾爲夫乾陽之盛者也故曰老上兌少女也爲老夫女妻之象猶能生育如枯楊生稊也變艮二五得位則陰陽相與山澤又通氣故小象曰過以相與也言至九二爻則陰陽相與

九三棟橈凶○象曰棟橈之凶不可以有輔也

九三變坎爲澤水困䷮變坎坎爲棟又爲陷棟陷橈之象後天之巽即先天之兌同位也同位相與者也坎與兌隔乾今變坎中爻之乾變巽又變離是澤水相隔也非輔也故小象曰不可以有輔也

九四棟隆吉有它吝○象曰棟隆之吉不橈乎下也

九四變坎爲水風井䷯變坎互變兌兌錯艮艮山也隆之象隆其棟可以任重它蛇也說文虫也本作它从虫而長上古艸居慮它故相問无它乎下巽巽中有已已蛇也棟雖隆其下有它亦吝道也小象言下

九四爲外卦之初爻故下也隆則不橈
九五枯楊生華老婦得其士夫无咎无譽○象曰枯楊生華何可久也老
婦士夫亦可醜也
九五變震爲雷風恒䷟九五與九二應故此爻及之上互乾今變震
震爲長男士夫之象也乾錯坤老婦象也華者芝之類也下巽巽柔木
也芝類巽之至柔者也芝之命至短楊之材易枯且生華則楊枯之至
也故小象曰何可久也二五相應九二言老夫得女妻爲過以相與此
爻言老婦得士夫亦可醜因老婦不能生育有夫與无夫等耳先天對
待故无咎无譽
上六過涉滅頂凶无咎○象曰過涉之凶不可咎也
上六變乾爲天風姤䷫兌爲澤乘乾之首過涉滅頂之象也滅者兌
爲毀折之象也然變乾則兌之水退而首又出矣故雖凶无咎

䷜坎　坎下坎上　京氏房曰八純卦象水

坎京氏房曰險也水流其中爲坎　中爻互震互艮　綜離　无綜

習坎有孚維心亨行有尙

習重之意言坎下坎上也坎中滿故有孚坎剛中故維亨易无心象坎離皆心也離之心虛故明由心而發于兩目孟子所謂存乎人者莫良于眸子是也坎之心實其于人也爲加憂爲心疾故離之心知坎之心誠行指互震言震爲足故行象行有尙指往有功也因坎爲勞卦凡坎用事皆曰往有功

象曰習坎重險也水流而不盈行險而不失其信維心亨乃以剛中也行有尙往有功也天險不可升也地險山川丘陵也王公設險以守其國險之時用大矣哉

重險者坎陷也故險下險上險爲重蓋有險无他物以濟之其險可不

待言矣不失其信卦之司令交坎爲冬至一年之始也故曰不失其信

天險者天一生水故曰天險不可升也中爻艮艮止也止則不可升之

象也地險者坎由坤而來故曰地險王公二字疑衍或以爲錯離言或

以爲九五王也六三三公也與卦理亦悖恐漢人所僞造互震震爲敷

設象互艮艮爲山丘陵象艮止也守也用卽用九用六之用也凡彖辭

中某卦之時用大矣哉凡互與綜錯必成旣濟未濟也言盡水火之大

用

象曰水洊至習坎君子以常德行習教事

習坎卽重險洊者習之義亦重之義故劉氏表曰洊仍也常猶洊也此

言君子之修身當學不厭教不倦也曰常曰習皆指兩坎言喩君子之

修身在在戒備猶設險以守國也

初六習坎入于坎窞凶○象曰習坎入坎失道凶也

初六變兌爲水澤節䷻兌爲口又爲附決習坎已重險而又決口險之至也窞王氏肅曰坎底也今人治河以水由地上行築堤防之以爲人力可以勝天豈知水仍上行如伏流是也一遇河水決口伏流之地皆澤國矣小象曰失道凶也互震爲大塗道也變兌兌爲毀折失也失道者如河流改道是也故凶

九二坎有險求小得○象曰求小得未出中也

九二變坤爲水地比䷇此爻先後天同位同位則得然陽變陰故曰小變坤坤得朋之象又坤爲土坎有險以土制之卽堤是也河之有堤小得朋之象非根本之計也小象曰未出中也中者九二之位言治水如是固小得然未能出險之中也爲一時苟安之計而已

六三來之坎坎險且枕入于坎窞勿用○象曰來之坎坎終无功也

六三變巽爲水風井䷯上坎下坎故曰坎坎勞卦也巽入也水來之象

今互變艮艮止也水來有物止之枕是也陸氏績曰枕閡礙險害之貌堤防也互震爲木爲竹變巽亦爲木爲工艮爲手爲山築堤防象也然中爻變兌兌澤之水水之大者也兌又爲毀折堤決之象是坎窞也今枕險入于坎窞故勿用小象言无功卽勿用也終指互變艮言

六四樽酒簋貳用缶納約自牖終无咎○象曰樽酒簋貳剛柔際也

六四變兌爲澤水困釋文樽酒絕句簋貳絕句用缶絕句古讀樽酒簋句貳用缶句項氏安世以簋缶牖咎古韻爲協是當以韻爲讀然酒與缶牖咎古韻亦協以卦象定之則當以釋文爲是姚小彭氏以此爻爲舅姑之醴婦與坎險之義不合參看上六係用徽纆此爻亦似有囚係之象互震震仰盂樽象坎爲水酒水製也因兌中有酉坎遇兌酒象也震爲竹簋象也變兌兌數二故曰貳缶瓦器中爻艮土離火陶之象也納奉也約儉也互艮艮爲門闕牖之象言一樽之酒貳簋之食瓦

缶之器自牖納之言物之至約者也物雖約然誠心以納之終无咎也
此爻以守約爲主因水性通涓涓不塞可成江河言君子之修身愼于徽也小象曰剛柔際也此爻變陽與初六相應故也且中爻本陽卦震艮今變兌中爻爲陰爻巽離故曰剛柔際也

九五坎不盈祇既平无咎○象曰坎不盈中未大也

九五變坤爲地水師䷆坎盈也孟子盈科而後進之盈同變坤爲地地平也水入于地不盈之象祇適也水性最平不盈者平之祇因變坤而互又爲坤平之至也小象曰中未大也九五爲中陽爲大今變陰故曰中未大也此爻先後天同位故无咎

上六係用徽纆寘于叢棘三歲不得凶○象曰上六失道凶三歲也

上六變巽爲風水渙䷺徽馬氏融曰索也虞氏翻以爲黑索皆取象巽巽爲繩直故也劉氏表曰三股爲徽兩股爲纆皆索名以縛罪人其

說是寘姚氏信曰置也巽爲柔木叢也棘也皆柔木也又坎爲叢棘古
者獄之四圍皆植叢棘三歲者坎錯離離數三三歲之象坎變巽巽爲
不果不得之象言置囚于獄三歲不出險之至也小象言失道坎男也
巽女也是失道也上六處險之極故以獄爲喩

䷝離　離下離上　京氏房曰八純卦象曰象火

說文離黃倉庚也　中爻互巽互兌　錯坎　无綜

離利貞亨畜牝牛吉

坤爲牛離中之陰卽坤中之陰也故曰牝牛畜卽乾畜坤之陰也故彖
曰柔麗乎中正荀氏爽曰牛者土也土生于火離者陰卦牝者陰性故
曰畜牝牛吉矣

彖曰離麗也日月麗乎天百穀草木麗乎土重明以麗乎正乃化成天下
柔麗乎中正故亨是以畜牝牛吉也

離爲火火有光故明明者人目能見之物也故離爲目如日月之光百穀之實草木之花皆麗者也目有二故曰重明言上下皆離也以卽離也又離者心也中虛象心大人之心能如日月明照四方則天下皆善人而化成矣

象曰明兩作離大人以繼明照于四方

兩數名明兩者上下皆離故也天之日月人之兩目皆可以明兩名之作荀氏爽曰用也繼前後也含有重與兩二字之意明照者大人之心以化成天下爲心也離出于乾乾二五兩爻皆稱大人二爻之心卽人心也五爻之心卽天心也人天相感惟大人能繼天而化成象稱大人惟離而已

初九履錯然敬之无咎〇象曰履錯之敬以辟咎也

初九變艮爲火山旅☲☶䷷變艮艮爲徑路履象然火貌錯亂也火性不

定之象小象曰以辟咎也辟避同變旅旅君子以明愼用刑而不留獄
故曰辟咎凡易之言聽訟折獄致刑皆由離之變錯因離明也訟之道
在明也

六二黃離元吉〇象曰黃離元吉得中道也

六二變乾爲火天大有☲☰離後天居先天乾位乾之變離因中一爻
變也至乾何以能變離由中央土之作用黃指土故曰黃離先後天同
位故曰元吉且六二爲坤之正位故侯氏果曰此本坤爻故云黃離來
得中道所以元吉也小象曰得中道也因六二在內卦中位故曰中道
道卽一陰一陽之謂道之道也

九三日昃之離不鼓缶而歌則大耋之嗟凶〇象曰日昃之離何可久也

九三變震爲火雷噬嗑☲☳震爲木互巽爲高木高能蔽日也中爻互
兌兌西方也孟氏喜曰日在西方時側也因日之方中雖高木不能蔽

日至日昃高木可蔽日也震仰盂缶象震爲雷又動也鼓象互兌兌爲
口歌象不者言變震而艮止之不鼓不舞之象也馬氏融曰七十曰耋
王氏肅曰八十曰耋以象攷之則王氏說爲然因離卦畫之數八故曰
耋互兌嗟象小象曰何可久也日已昃年已耋不可久也九三爲艮之
正位今變震是動已止將死之象雖先後天同位亦凶
九四突如其來如焚如死如棄如○象曰突如其來如无所容也
九四變艮爲山火賁☲☶此節可悟賁之六四明此理乃知易理之貫
通所謂窮則變是也火勢本熾變艮艮爲山山勢高故曰突如突竄突
也來者來下體之火也互巽巽爲風風動火發其勢更熾故焚如變艮
互變坎坎死之象且火得木而息亦死如也又互兌兌爲毁折故棄如
小象曰无所容也因烟突之火虛中之火故无所容是火成灰之象也
六五出涕沱若戚嗟若吉○象曰六五之吉離王公也

六五變乾爲天火同人䷌離爲目互兌兌爲澤水也目中有水象涕沱離錯坎坎爲加憂戚象兌爲口嗟象小象曰離王公也變乾爲君是王公家在離之九五之位故曰離王公也此爻言處大人之位能視民如傷而能憂民之憂故吉又先後天同位吉也

上九王用出征有嘉折首獲匪其醜无咎○象曰王用出征以正邦也

上九變震爲雷火豐䷶離爲甲胄爲戈兵變震震動也動其甲胄戈兵故出征象上互兌兌說也故有嘉變震帝出乎震故曰王上爻爲首互兌爲毁折折首之象首元首也亦元惡也元首旣折則邦正不必盡獲其醜類也醜類也先天之離卽後天之震同位故醜也

周易易解卷四終

周易易解卷五

錢塘沈紹勳撰

上經首乾坤言天地也天地之道不外陰陽陰陽之于人則爲君子小人君子小人之內外世事之否泰繫之一陽之消長善惡之幾也故以剝復繫之陰陽以得中爲貴其位之得中者莫如水火故以坎離終下經首咸恒言夫婦也亦卽言天地也人在天地之中人倫之正卽天地之中節也故一陰之消長則爲夬姤消長之幾卽禍福之根也陰陽總以得中爲貴其互乘之得其中者亦莫如水火故以既濟未濟終下經焉易无人卦人者得天地之氣中天地之節故无一卦非人事无一爻非人事是以卦象必有以字以者天地之道而用之于人事者也坎離爲人事之切要故孟子曰民非水火不生活故上經終坎離先天變後天而以坎離代乾坤也

䷞艮下兌上　先天對待之卦也京氏房曰兌宮三世卦

咸感也少男少女象　中爻互巽互乾　艮兌相錯　綜恒

咸亨利貞取女吉

咸山澤通氣卦位對待故亨少男故利少女故貞少男少女情易相感兌又說也說之不以道爲淫奔則凶必用婚禮以娶女則吉咸之爲卦由拇而舌皆指一身言

彖曰咸感也柔上而剛下二氣感應以相與止而說男下女是以亨利貞取女吉也天地感萬物化生聖人感人心而天下和平觀其所感而天地萬物之情可見矣

感者陰陽之氣相感也兌陰卦在上故柔上艮陽卦在下故剛下二氣卽山澤二者之氣也艮少男兌少女故氣感應相與者言二五得位也止而說艮止也兌說也言感之極男下女爲咸卦一篇之主旨男女之

情合如山澤之氣通也取女吉故乾坤鑿度曰匹配法咸是也相感之理不獨男女爲然卽鳥獸昆蟲草木莫不同具此理所謂物物一太極是也擴而充之天地相感而有四季聖人以己之心以感人心教之育之人心皆中節而和平亂象去矣治平之道在感而已

象曰山下有澤咸君子以虛受人

崔氏憬曰山高而降澤下而升山澤通氣咸之象也虛者心也竅也指本卦九四一爻言也虛指少女受人者指少女受少男也

初六咸其拇○象曰咸其拇志在外也

初六變離爲澤火革䷰乂咸卦皆近取諸身者也故首曰咸其拇拇身之最下者也示雖咸而未行拇薛氏虞曰足大指也因艮爲指亦拇象也小象言外言感在外也然既感則志已在外矣在外者先天之離與後天之兌居對待之位而志則不同也

六二咸其腓凶居吉○象曰雖凶居吉順不害也

六二變巽爲澤風大過䷛腓足肚卽脛後肉腓在拇上故居二二爻變巽巽爲風有搖動之象因感而順其感故凶若能守位不動則吉小象言順坤順也因坤之正位在二先後又同位若能守位故居吉

九三咸其股執其隨往吝○象曰咸其股亦不處也志在隨人所執下也

九三變坤爲澤地萃䷬互巽巽爲股故有咸其股之象股在腓上故居九三今隨二二爻而行猶股之隨足而行也原艮艮爲手執之象執者自持之意六二變巽巽爲股六二居吉此則往吝若不往則不吝因此雖互巽然爻已變坤坤靜也股雖感守之以靜不往可也小象亦字承六二吉也

九四貞吉悔亡憧憧往來朋從爾思○象曰貞吉悔亡未感害也憧憧往來未光大也

九四變坎爲水山蹇䷦釋見繫傳下第五章變坎坎心象也心在股
上互乾說卦戰乎乾戰者不定之貌憧憧馬氏融曰行貌劉氏表曰意
未定也言心之紛擾也變坎而互又爲坎坎其於人也爲加憂爲心疾
憧憧疊字由習坎而來也往來者內卦爲來外卦爲往互坎在內外之
間故曰往來互卦乾錯坤坤有喪朋得朋之象今變坎互卦之乾又變
爲離離中虛亦心象心能虛思卽至故曰朋從爾思至貞吉悔亡互乾
乾元亨利貞乾爲天天者貞正而固者也言感時能具乾健之德故悔
亡小象曰害卽未感于心爲害又未光大也亦指未感于心也乾之互
卦變而爲離乾大而離有光故曰光大今自變而來故曰未

九五咸其脢无悔○象曰咸其脢志末也

九五變震爲雷山小過䷽脢子夏傳在脊曰脢鄭氏玄曰背脊肉也
與心相背不受物感故无悔變震則大象如離離中虛故志末也先後

天同位亦无悔也

上六咸其輔頰舌○象曰咸其輔頰舌滕口說也

上六變乾爲天山遯×䷠乾爲首首在背上上爻又爲首輔馬氏融曰

上頷也輔在顴下頰在口傍舌在口中皆在首上原卦兌兌爲口輔頰

二者皆近口之物舌者則在口中咸之極者也小象曰滕口說也口也

說也指兌言滕張也言自感以飲食滕口也感人以言語亦滕口也

䷟恆　巽上震下　先天對待之卦也京氏房曰震宮三世卦

恆常也長男長女象　中爻互乾互兌　震巽相錯　綜咸

恆亨无咎利貞利有攸往

恆雷風相薄卦位對待故亨長男故利長女故貞長男長女非若咸之

徒以感而已其德在可恆後天之數震三巽四故曰利有攸往鄭氏玄

曰恆久也巽爲風震爲雷雷風相須而養物猶長女承長男夫婦同心

而成家久長之道也

彖曰恆久也剛上而柔下雷風相與巽而動剛柔皆應恆恆亨无咎利貞久于其道天地之道恆久而不已也利有攸往終則有始也日月得天而能久照四時變化而能久成聖人久于其道而天下化成觀其所恆而天地萬物之情可見矣

震陽爲剛巽陰爲柔相與者卽震巽先天卦位對待也凡先天對待之卦其二五兩爻莫不剛柔對待若二爻爲陰五爻必爲陽二爻爲陽五爻必爲陰此種極淺之理古今釋易者從未道及將說卦傳第二章天地定位至八卦相錯一節認明其對待卦畫之陰陽則相與之理一目了然矣久于其道爲恆卦一篇之主旨言久于陰陽之道也至其道惟日月天地可以象之人之進德无疆猶天地之不變日月之久照也

象曰雷風恆君子以立不易方

沈祖緜啓事

先子所著易解示兒錄說餘三種原擬本刊行世丁此時艱不得不先付鉛印俾流傳於人如蒙當世立言之君子對於此書錫以鴻言請寄蘇州富郎中巷十三號沈颱民收將來本刊時彙刻成册不勝榮寵之至再鍾君駿臣近又校出訛字附印於後

易解校勘記

卷數	頁數	行數	字數	誤	正
一	四	九	六	變	變
一	四	十八	十四	性字上脫一人字	
二	十	七	十六	異	巽
二	十四	二十四	二十一	臨	凶
三	四	一	十一	此字下脫爻變比三字	
三	二十二	二十二	十二與十三	爻先	先爻
四	十八	一	三	番	悉
五	十五	十四	十五	象	家
五	十七	十四	二十一	此	故
六	二十三	十二	四	異	巽
七	二十三	十三	六	艮	坤
七	三十一	十六	二十六	兵字下脫一離字	
八	一	五	十	于	子
八	二	十七	二十二	者	若
八	六	二十	十九	曰	者
八	九	二十四	六	遇	道
八	二十五	十八	十	下	地
八	二十九	十四	九	下脫同人之九五五字	
九	五	二十四	八九	兩字顛倒	
九	七	四	十二	文	義
九	九	五	二十四	者	而
九	十	十四	二	曰	其
九	十一	一	二十六	之	坤
九	十四	十七	六	☱	☴
九	十四	二十四	六七兩字	䷤	䷥
九	十五	一	七	☵	☱
十	三	十七	二十二	闢	論
十	七	六	十	逮	薄
十	十	七	十七	皆	者
十	十九	二十二	二十七	異	巽
十	二十九	十四	五	决	決

示兒錄勘誤表

卷數	頁數	行數	字數	誤	正
序	一	九	二十二	准	淮
下編	十三	二十一	九	堯	蕘
下編	十七	十二	十五	若	苟
說餘	六	二十	八	正	五
跋	一	九	十	怵	怵

不易卽不變之易也不易能久于其道立定也方法也

初六浚恒貞凶无攸利○象曰浚恒之凶始求深也

初六變乾爲雷天大壯䷡浚侯氏果曰深也巽入之象凡陰在下亦入之象入而又入故入之深小象言始孔疏處卦之初故曰始始事之初處漸進之時若求之過深必有躐等之患故凶凡事如此不獨夫婦之道而已

九二悔亡○象曰九二悔亡能久中也

九二變艮爲雷山小過䷽先後天同位之卦也凡爻過先後天同位其辭必簡待人自悟而已巽爲進退爲不果不恒其德象也今變艮艮止也能止其進退止其不果則恒之德見矣中爻爲乾乾金也剛之至亦卽恒之至也故曰悔亡小象言中因九二中道也能久在中則悔亡

九三不恒其德或承之羞貞吝○象曰不恒其德无所容也

九三變坎爲雷水解䷧互乾乾有元亨利貞之四德下卦巽巽爲進退爲不果不恆之象巽爲妻象今變坎坎爲死象巽死卽妻死也妻死則中饋无主或者不知其何人之辭言離自外來也上綜艮艮爲手承之象變乾互變爲離離爲大腹食之象羞同饈中饋无主時他人承之以羞雖貞亦吝也故小象言无所容也

九四田无禽〇象曰久非其位安得禽也

九四變坤爲地風升䷭震馬動象以互乾兌之金田象也又震爲大塗无禽之處也又荀九家以震爲鵠巽爲鸛禽也旣无禽則婚禮缺而夫婦之道廢矣此爻先後天同位故言因而不言果

六四恆其德貞婦人吉夫子凶〇象曰婦人貞吉從一而終也夫子制義從婦凶也

六五變兌爲澤風大過䷛此爻先後天同位也故貞震陽也變兌則

爲陰兌爲附決柔附剛也婦人以柔爲主附剛則吉若夫子效之則委靡不振孟子所謂以順爲正妾婦之道是也小象言從一原互兌兌數二今互變爲乾乾數一是從一者卽從乾也凡易言義者卽元亨利貞之利也利爲金乾與兌皆金然有剛柔之別爲夫子者能有斷金之力是制也制者何惟剛能之

上六振恆凶○象曰振恆在上大无功也

上六變離爲火風鼎䷱向氏秀作震恆震動也振者動之速也凡字之從辰者皆有震意故鄭氏玄曰振搖落也上六居恆之極故云變離離爲火火生木上以焚之是振象也凡物極必反故動之極不獨无功小象言大无功言无功之至也

䷠遯　艮下乾上　先後天同位之卦也京氏房曰乾宮二世卦

遯說文逃也鄭氏玄曰逃去之名也艮爲門闕乾有健德互體有巽巽

爲進退君子出門行有進退逃去之象　中爻互巽互乾　上錯坤下錯兌　綜大壯

遯亨小利貞

遯六月之卦也小案易陽稱大陰稱小此卦艮下乾上皆陽也合兩卦大象而觀之爲巽巽陰卦也故曰小

彖曰遯亨遯而亨也剛當位而應與時行也小利貞浸而長也遯之時義大矣哉

項氏安世曰遯本元亨之理故加而字若曰旣遯矣而又能亨者剛雖當位而能應柔隨時用權不與之敵故有可亨之理也剛陽也當位以九五得位應六二言也二五得位故亨君子處亂世明哲保身遯也然身在江湖心猶魏闕不過今非其時隱居求志而已故身雖遯而治國平天下之心固未嘗一日忘也故曰與時行也蓋言視時之若何以定

行止耳浸而長言二陰浸長于上小人得勢遯則小利貞

象曰天下有山遯君子以遠小人不惡而嚴

天乾也喩君子山艮也比小人乾健也嚴也乾之德元亨利貞故不惡

君子所以遯者以小人在位不屑與之周旋遠之而已

初六遯尾厲勿用有攸往○象曰遯尾之厲不往何災也

初六變離爲天火同人䷌卦以初爻爲尾艮止也勿用象也朱子欲効韓侂胄占得此爻而止是陰爻而居潛位小人之勢浸而長爲君子者晦處靜俟可免災耳此亦先後天同位之理也

六二執之用黃牛之革莫之勝說○象曰執用黃牛固志也

六二變巽爲天風姤䷫艮爲手執之象變巽則中爻變乾乾錯坤坤爲牛坤土也色黃革者胡氏煦謂互見乾巽是也然人多不能解因乾爲剛巽爲柔革者剛柔之物也黃牛之革固之至者也然以手執之有

剛柔之道可辨喻君子之處世也說同脫艮錯兌兌說也說王氏肅曰解說也莫之勝說言不可解脫也爻義用錯黃氏宗羲曰遯之稱牛以艮艮剛于上猶牛革在外稱牛革而不稱牛也黃氏以此證王弼之誤惜于理亦未合此爻言人當遯之時立志宜固不可爲貧賤所移故侯氏果曰殷之父師當此爻矣是也

九三係遯有疾厲畜臣妾吉○象曰係遯之厲有疾憊也畜臣妾吉不可大事也

九三象坤爲天地否☰☷係古通繫互巽巽爲繩直係之象下卦艮艮爲閽寺臣妾象也又艮止也畜之象上互乾乾爲君君居臣位之上故吉小象之憊鄭氏玄曰困也大事因變坤坤爲事上乾乾爲大故曰大事然艮止之不可大事也此爻變則先天對待故爻言係係者相與之意言在遯時若有患得患失之心厲象也此時脫然而遯任君之畜臣

妄則吉

九四好遯君子吉小人否〇象曰君子好遯小人否也

九四變巽爲風山漸☴☶巽爲進退能進能退爲君子知進而不知退爲小人

九五嘉遯貞吉〇象曰嘉遯貞吉以正志也

九五變離爲火山旅☲☶上乾又互乾乾之文言亨者嘉之會也亨爲火此爻變離故也九五得位故曰嘉遯今變離互又變兌兌爲附決言以遯自決故貞吉嘉遯者如巢由是也故小象以正志言之

上九肥遯无不利〇象曰肥遯无不利无所疑也

上九變兌爲澤山咸☱☶變兌兌者萬物之所悅子夏傳曰饒裕也兌正秋也秋則萬物收成饒裕象也小象无所疑也此爻亦先天對待之卦也山澤通氣通則疑自釋

䷡大壯　乾下震上　京氏房曰坤宮四世卦

大陽也陽盛則壯壯鄭氏玄曰氣力浸剛之名王氏肅曰盛也　中爻

互乾互巽　上錯巽下錯坤　綜遯

大壯利貞

大壯二月之卦也陽氣漸升陰氣漸降故利貞

彖曰大壯大者壯也剛以動故壯大壯利貞大者正也正大而天地之情

可見矣

剛乾也動震也雷發其聲壯也大壯在二月之時其時雷乃發聲始電

故孔子曰雷之始發自大壯始天地之情見矣大壯大象似兌兌爲羊

故變兌之二爻以羊象之上六亦言羊指大象言也

象曰雷在天上大壯君子以非禮弗履

震爲足履象履正大之乾禮也又震爲長子代父主器亦禮也

初九壯于趾征凶有孚○象曰壯于趾其孚窮也

初九變震爲雷風恆䷟初在下趾之象上卦爲震震爲足趾者足之末初在下之象也征虞氏翻曰行也初九尙未至行時躁進則凶此爻先天卦位對待故有孚然不變則无應故窮

九二貞吉○象曰九二貞吉以中也

九二變離爲雷火豐䷶此爻先後天同位二又爲坤之正位故貞吉其辭簡待學者自悟耳凡爻貴得位九二陰爻爲貴今陽居之爲未得位變離爲陰故曰貞貞者陰之德也小象言中因九二居卦之中位也

九三小人用壯君子用罔貞厲羝羊觸藩羸其角○象曰小人用壯君子罔也

九三變兌爲雷澤歸妹䷵此爻先天對待之卦也故貞厲乾爲陽君子也今變兌爲陰小人也用壯者小人得志其很如羊罔不也言壯君

子所不用也厲乾之九三爻也互兌兌爲羊羝壯羊也觸以角抵物也
下乾乾爲圜震爲竹爲萑葦藩之象羸病也兌爲毀折羸之象
九四貞吉悔亡藩決不羸壯于大輿之輹○象曰藩決不羸尚往也
九四變坤爲地天泰☷☰此爻先天對待爲天地交故貞吉悔亡大吉
之象藩指乾言決兌爲附決故也變坤坤爲大輿輹虞氏翻以爲車之
鉤心夾軸之物若決而不羸進而无阻其壯與大輿之輹无異小象曰
尚往也尚上通往變也陰也猶言上卦變陰成天地交泰也
六五喪羊于易无悔○象曰喪羊于易位不當也
六五變兌爲澤天夬☱☰羊指互兌變兌言易釋文作埸陸氏績曰謂
疆埸也震爲大塗易之象兌爲毀折故曰喪爻中兩兌有此得而彼喪
之意小象曰位不當也六五陰爻爲不當位
上九羝羊觸藩不能退不能遂无攸利艱則吉○象曰不能退不能遂不

詳也艱則吉咎不長也

上六變離爲火天大有☲☰此爻先後天同位之卦也上卦震震錯巽巽爲進退遂進也進退之象然先後已同位是不能退不能遂也小象言詳詳者指變離言離中虛心有所思詳審之意上震震動也心屢動是不詳也長震爲長凡易陽爻在上止之象止則不動故動則有咎變離離爲中女是不長也

☷☲晉　坤下離上　京氏房曰乾宮遊魂卦

晉日初升也按晉說文作簮徐氏鍇曰臸到也日以二至而用明之度

地上見矣　中爻互艮互坎　上錯坎下錯乾　綜明夷

晉康侯用錫馬蕃庶晝日三接

先天之乾卽後天之離離麗乾乾爲君麗于君者侯也坤爲邑又順也故曰康侯康馬氏融曰安也凡安民定國者曰康侯錫卽納錫錫貢之

錫也坤爲馬互坎坎亦爲馬錯乾亦爲馬馬至多亨禮四馬卓立九馬隨之故曰蕃庶也又坤爲衆亦蕃庶象離爲日晝日出故曰晝日離數三互艮艮爲手故曰三接用錫馬蕃庶者諸侯朝貢于天子也晝日三接者天子接諸侯之禮也

彖曰晉進也明出地上順而麗乎大明柔進而上行是以康侯用錫馬蕃庶晝日三接也

晉者日之進也明離也麗也順坤也地也大明乾也卦中无乾因離居先天乾位故曰麗柔進晉陰卦故曰柔屬乾宮遊魂卦故曰柔進五柔得位故曰上行晉爲柔進以順爲主是字指順與柔也以用也

象曰明出地上晉君子以自昭明德

自己也自昭者明德在己如光被四方是也乾之象曰自強晉之象曰自昭孔疏以周宏正引老子自知者明釋此頗合

初六晉如摧如貞吉罔孚裕无咎○象曰晉如摧如獨行正也裕无咎未受命也

初六變震爲火雷噬嗑䷔虞氏翻曰晉進摧憂愁也何氏妥曰摧退也初六居下退也如也者未晉未摧之象也先後天同位故貞吉小象曰獨行正也震爲足行之象正卽貞也罔不也孚中爻互坎坎有孚因變噬嗑其象如口中有物間之罔孚之象裕者因坤土寬厚中爻互艮艮爲山山出地上裕之象也小象曰未受命也變震震錯巽巽爲命令中爻互艮艮爲手受之象巽居錯故曰未也

六二晉如愁如貞吉受茲介福于其王母○象曰受茲介福以中正也

六二變坎爲火水未濟䷿變坎坎爲加憂又爲心病故曰愁如貞吉因坎離先後天卦位均對待之卦也其氣感應故曰貞吉中爻互艮艮爲手受之象介馬氏融曰大也有相接之義坤順也坤厚載福故曰福

上離離爲日王象坤爲母故曰母爾雅父之妣爲王母小象曰以中正
也六二柔故中正

六三衆允悔亡○象曰衆允之志上行也

六三變艮爲火山旅䷷坤爲衆允信也信屬土艮加坤上爲後天對
待之位成言乎艮言者信之所自出也故悔亡小象言志志卽卦理對
待之謂也上行也上卽外卦也六三內卦已終外卦未來故曰上行

九四晉如鼫鼠貞厲○象曰鼫鼠貞厲位不當也

九四變艮爲山地剝䷖鼫古本有作碩鄭氏玄曰碩鼠碩鼠无食我
黍謂大鼠也刺人之貪也互坎荀九家坎爲狐變艮互艮艮爲鼠晝止
夜動險之物也鼠如狐碩矣孔疏引蔡邕勸學篇項氏安世引荀子勸
學篇釋鼫鼠于爻象不合貞厲者正厲也四爲陰位今九四居之不中
不正故曰不當

六五悔亡失得勿恤往吉无不利〇象曰失得勿恤往有慶也

六五變乾爲天地否☰☷失或作矢釋文誤變乾爲否否天地不交之卦也悔之象亦失之象也然乾之變由離而來乾與離先後天同位同位則感應通爲悔亡之象亦得之象也互巽巽爲進退上離離爲火火勢時起時滅亦或失或得之象互坎坎爲加憂故曰恤下互艮艮止也故曰勿往者指外卦也外卦先後天同位故吉變乾利乾之性也故曰无不利小象曰往有慶也因先天卦位乾一離三之中爲兑二兑說也有慶之象

上九晉其角維用伐邑厲吉无咎貞吝〇象曰維用伐邑道未光也

上九變震爲雷地豫☳☷上爲角位剛之至故曰晉其角上卦離離爲甲冑爲戈兵變震震動也動其甲冑戈兵伐之象下卦坤坤爲邑故曰伐邑厲吉无咎因震居先天離位同位也故吉而无咎征伐危事也故

厲雖守以貞仍吝道也小象曰道未光也震爲足行之象又爲大塗道之象易言道皆人之所履者凡正心誠意修身齊家治國平天下之道皆屬之離爲火爲日爲電均有光象今離已變故曰未光

☷☲明夷　離下坤上　京氏房曰坎宮遊魂卦

明夷日食也日之光爲地所掩故曰明夷易言艱貞惟明夷一卦如文王箕子處紂之世其艱貞可知　中爻互震互坎　上錯乾下錯坎

綜晉

明夷利艱貞

文王利艱貞三字可見在羑里演易時之從容處境之險守身之貞委曲求全以冀君心之悟使商祚不墮忠君愛國出于言表矣艱貞指互坎言

彖曰明入地中明夷內文明而外柔順以蒙大難文王以之利艱貞晦其

明也內難而能正其志箕子以之

有以象爲文王所作讀此可知象爲孔子作明離也地坤也明入地中

卽日食時日光爲地所掩日中有黑點卽地影也是有傷于明故曰明

夷夷卽傷也日以喻君君有惡則夷傷矣內內卦也外外卦也以蒙大

難蒙被也中爻坎坎陷也蒙之象上坤坤地勢廣大之象難坎爲險難

也指文王遭紂之亂而見囚也文王之見囚亦明夷也晦黑也月全无

光曰晦內難內卦互坎坎險也故曰難能正其志卽互震震動也正志

卽不動之謂也志者震離先後天同位其志同也箕子諫紂不聽因內

親之過不忍去之是箕子之難在宗社也箕子爲之奴亦明夷也曰大

難天下之難也曰內難一家之難也

象曰明入地中明夷君子以涖衆用晦而明

涖臨也坤爲衆故曰以衆離明也今有傷故曰用晦用晦而明者言君

子在晦之時守道安志蓄能自昭明德也

初九明夷于飛垂其翼君子于行三日不食有攸往主人有言〇曰君子于行義不食也

初九變艮爲地山謙䷎離爲雉故象飛鳥變艮艮止也垂其翼可止而不可飛也變艮則五陰一陽一陽似身五陰似翼與尾也變則二陰在下三陽在上垂之象中爻互震震爲足故象行象往此言君子能知幾故曰君子于行三日離數三又爲日故曰三日艮錯兌兌爲口食之象今口在錯中故曰不食王氏弼謂志急于行饑不遑食王氏安石以二老避紂不食象二老謂伯夷太公也項氏安世亦以海濱二老釋之攸久也往者自此至彼也主人有言蘇氏軾以爲上六乃明夷之主故稱主人有言者艮錯兌兌爲口舌言之象兌在錯中尙未言也故曰有言小象曰義不食也坤艮後天對待之位也故義合

六二明夷夷于左股用拯馬壯○象曰六二之吉順以則也

六二變乾爲地天泰☷☰此爻先天對待之卦位也故吉小象曰順以則也則法也在泰卦則卦體无一不交泰是順則也互震震爲足足上爲股震位東在左故曰左股變乾乾爲良馬又爲健故曰馬壯使免于禍故吉拯卽古承字變乾中爻互變兌兌錯艮艮爲手拯之象用者象在錯之中故也文王囚于羑里散宜生閎夭之徒患之以驪戎之馬有熊之九駟求赦西伯與此爻義合明夷綜晉晉之錫馬蕃庶出于臣下之本心明夷之用拯馬壯是出于勉强也

九三明夷于南狩得其大首不可疾貞○象曰南狩之志乃大得也

九三變震爲地雷復☷☳離者南方之卦變震震動也動于坤之野狩象也錯乾乾首又大也故曰大首文王狩于南陽得過太公與此爻義合互坎坎爲心疾故曰疾疾速也不可疾言不可速也小象曰志因震

離先後天同位也得指坤言因坤爲後得

六四入于左腹獲明夷之心于出門庭○象曰入于左腹獲心意也

六四變震爲雷火豐☲☳上卦坤坤爲腹互震東方之卦也位在左故曰左腹變震中互變巽巽入也故曰入于左腹中爻互又變兌兌錯艮艮爲手獲之象四當心位來氏知德曰明夷之心紂之心意也胡氏煦曰爻象微子言微子之去甚合紂之心也小象曰意此爻先後天同位卽同意也上震震爲馬又爲大塗馬在大塗已去門庭也微子紂之親故曰門庭言同宗也

六五箕子之明夷利貞○象曰箕子之貞明不可息也

六五變坎爲水火旣濟☵☲五爲君位上下陰爻闇之爲至闇之地卽至闇之君也今變爲坎坎險也如彼箕子披髮徉狂以明爲闇未嘗一日忘紂冀紂之明使商之宗社不覆而已因此爻先後均爲對待故利

貞小象曰不可息言箕子无時忘紂也爻无艱字人咸以爲疑蓋明夷利艱貞此爻言箕子之明夷卽箕子之利艱貞也何嘗无艱

上六不明晦初登于天後入于地○象曰初登于天照四國也後入于地失則也

上六變艮爲山火賁䷕坤爲黑晦之象卽不明也初登于天內卦離也離爲日日登天而照四國也後入于地後外卦也外卦坤坤地也坤中有申日入申晦也登天入地設辭而已小象曰失則也失則卽失明也失明卽爲明夷離之明爲艮所止失則象也如紂之衆畔親離雖有文王箕子亦不能有所補救此之謂矣

䷤家人　離下巽上　京氏房曰巽宮二世卦

家人者言一家之人也一家之人齊則國治矣擴而充之而天下定矣此家人之旨也　中爻互離互坎　上錯震下錯坎　綜睽

家人利女貞

家人離中女巽長女二四兩爻得位故曰利女貞馬氏融曰家人女爲奧主長中二女二四各均其位故特曰利女貞中爻互坎離爲上下兩卦相互處坎離爲心是二女同心也家庭之不齊皆因女禍而起若女同心則家无不正矣序卦云傷于外者必反其家故受之以家人如文王囚于羑里是傷于外也而周南之化卒爲王業之本是家人之利女貞也

彖曰家人女正位乎內男正位乎外男女正天地之大義也家人有嚴君焉父母之謂也父父子子兄兄弟弟夫夫婦婦而家道正正家而天下定矣

家人之彖重言正字家能正而後天下能定孔子言周有母儀能王天下紂有失道之婦不能正位乎內所以亡商也彖所謂父父子子兄兄

弟弟夫夫婦婦言文王一家人父子兄弟夫婦各得其道也家人有嚴

君焉如文王是已來氏知德曰以周象論之以文王爲君以太姒爲妃

以王季爲父以大任爲母以武王爲子以邑姜爲婦以周公爲武王之

弟正所謂父父子子兄兄弟弟夫夫婦婦也彼此皆有德能交愛其德

非止二五之變而已來氏此註釋家人頗合然於彖詞外增君妃不如

以文王大姒當彖之所謂父母於義似較協也

象曰風自火出家人君子以言有物而行有恆

風巽也火離也王氏通曰明而齊外故家道正而天下正明離也齊巽

也中爻爲水火既濟得天地化育之功治家之要在言行士君子言與

行違尙可以欺世然一家之人見聞親切則不能欺也言有物指所言

不虛行有恆指所行有常

初九閑有家悔亡〇象曰閑有家志未變也

初九變艮爲風山漸☴☶閑馬氏融曰闌也防也變艮艮止也又爲門闕閑之象蓋男女有別爲治家之首務故家人初爻發之下佚

六二无攸遂在中饋貞吉○象曰六二之吉順以巽也

六二變乾爲風天小畜☴☰攸所也无攸遂言家事无所不遂也中爻互坎坎爲飲食離爲烹飪故曰饋二得位居中正故曰中饋柔道也亦婦職也貞吉下離今變乾先後天同位故貞吉小象曰順以巽也以用也巽卽上卦之巽也乾與坤對由巽至坤順也

九三家人嗃嗃悔厲吉婦子嘻嘻終吝○象曰家人嗃嗃未失也婦子嘻嘻失家節也

九三變震爲風雷益☴☳此爻先天對待之卦也嗃嗃說文嚴酷之貌中爻變艮錯震又變震故用叠字參震卦卽知之巽爲風原卦離離爲火風火之聲嗃嗃象也離變震中爻互變坤坤婦道也震長男離中女

艮少男綜錯于全卦之中均子之象也故曰婦子嘻嘻嘻嘻鄭氏玄曰驕奢喜笑之意家人嗃嗃卽震之震來虩虩也婦子嘻嘻卽震之笑言啞啞也言治家嚴肅一家感情雖小睽隔似有悔厲而終吉也故小象曰未失也若治家以寬則家人雖喜悅然失禮无別終必吝故小象曰失家節也節者先天之離卽後天之乾節也

六四富家大吉○象曰富家大吉順在位也

六四變乾爲天火同人䷌此爻先後天同位故大吉巽屬陰四巽之位也今陰在四爻在卦位也故小象曰在位也巽爲工又爲近市利三倍乾爲金富之象言女子能女紅持家則家必富

九五王假有家勿恤吉○象曰王假有家交相愛也

九五變艮爲山火賁䷕九五陽爻中正君位也故象王王者指文王也假馬氏融曰大也古通嘏嘏則有家于義始合有家者有家人之道

也恤憂也因中爻互坎坎爲加憂變艮艮止也故曰勿且在九五爻去坎已遠故勿恤謂文王以感格之力由家而國則事无不假也小象曰交相愛也凡易用交字皆指中爻與卦體相合言也此爻中爻之坎與下離成水火既濟先後天皆對待之卦也今變艮則中爻亦變震震離先後天同位也艮震亦先後天同位也故曰交相愛

上九有孚威如終吉○象曰威如之吉反身之謂也

上九變坎爲水火既濟䷾此爻先後天皆對待之卦故終吉上坎坎之卦辭習坎有孚威如陽剛在上義方之教也故曰威如身卦身也離爲坎對反身之謂也

䷥睽　兌下離上　京氏房曰艮宮四世卦

睽序卦乖也說文睽目不相矚也目无精意　中爻互坎互離　上錯坎下錯艮　綜家人

睽小事吉

睽下兌上離皆陰卦也陰爲小故曰小事吉睽從目此爻用見遇等字

上離離爲目下兌兌毀折目遭毀折睽之象

彖曰睽火動而上澤動而下二女同居其志不同行說而麗乎明柔進而上行得中而應乎剛是以小事吉天地睽而其事同也男女睽而其志通也萬物睽而其事類也睽之時用大矣哉

雜卦睽外也指紂不能正室如寵妲己之類是也家人女能正位睽則女不能正位女不能正位則家破而國亦隨之亡矣故曰睽外也火離也澤兌也睽與革二卦上下相易故彖與革可互觀之二女同居兌下少女也離上中女也今在一卦故曰同居其志不同行中爻互離亦中女也互坎中男也故曰不同行後天之坎離卽先天之乾坤今中爻互坎離爲天地之變故曰天地睽事同謂坎離之事同乾坤之事也兌離

中爻互坎在先天坎離對待者也先天之坎卽後天之兌同位也故其志通也兌離皆陰類萬物何能生長是睽也然中爻之坎以濟之萬物生焉故曰其事類也

象曰上火下澤睽君子以同而異

火離也澤兌也荀氏爽曰火性炎上澤性潤下故曰睽蓋人之性本善同也後以習之不同而性變矣故曰異

初九悔亡喪馬勿逐自復見惡人无咎○象曰見惡人以辟咎也

初九變坎爲火水未濟☲☵坎離先天對待故悔亡變坎坎其於馬也爲美脊爲亟心亟心之馬倏然喪去凡陽爻在下者動之象又卦位震在初亦動之象逐也下兌兌錯艮艮止也故曰勿變坎與互卦之坎同故曰自復離爲目見之象坎爲隱伏惡人之象睽乖也喪馬宜逐今勿逐待其自復見惡人有咎今云无咎皆理之至乖者也小象曰辟辟同

避坎險也言見悪人而能辟其險則无咎

九二遇主于巷无咎○象曰遇主于巷未失道也

九二變震爲火雷噬嗑䷔離震先後天同位故曰遇離爲日主之象中爻互變艮艮爲徑路巷之象小象曰未失道也先後天同位爲未失道也

六三見輿曳其牛掣其人天且劓无初有終○象曰見輿曳位不當也无初有終遇剛也

六三變乾爲火天大有䷍離爲目見之象互坎坎爲輿又爲曳曳者陷而失健足行无力爲曳其語助辭離爲牝牛掣子夏傳作契一角仰也劉氏表作觢謂牛角皆踊也荀氏爽作觭鄭氏玄作㸷謂牛角皆踊曰㸷虞氏翻謂牛角一低一仰蓋掣牛非掣角不可掣其角何能一低一仰此不可解者也鄭氏玄曰畜也牛角皆踊也然亦非碻詁王氏弼

云其牛掣者滯隔所在不獲進也失之更遠蓋輿曳時有人能如掣牛而使之出也曳輿掣牛孔武有力然非人君之事也小象曰位不當也三爻正位爲艮今陰爻故不當天馬氏融曰刻鑿其額曰天因變乾乾爲天劓孟氏喜曰刖鼻也中爻互兌兌爲毀折故有此象言其人以天劓之刑禍人也无初有終古今解釋均未能言之因乾一爲先天之初離九爲後天之終乾變故曰无初離不變故曰有終其中變化因睽卦中爻互坎離有納甲在焉小象又曰遇剛也卽遇乾也遇剛而成歸魂之卦先後天同位初終之象也

九四睽孤遇元夫交孚厲无咎○象曰交孚无咎志行也

九四變艮爲山澤損䷨山澤先天對待之卦也故曰交中爻互坎坎有孚故曰孚孤者无應也離爲陰卦其正位在二爻今四爻故无應兌在下少女也變艮少男也兌遇艮是少女遇元夫也元夫卽男子未娶

者也少女少男交孚之厲故厲則无咎小象曰志行也志者心之所至也通氣卽志亦通中爻互變震震爲足行之象

六五悔亡厥宗噬膚往何咎○象曰厥宗噬膚往有慶也

六五變乾爲天澤履䷉離與乾先後天同位也故曰悔亡宗主也變乾乾爲宗互坎坎爲血兌爲口口噬膚而血出往者先天卦位乾一兌二後天卦位乾六兌七皆自乾而往兌兌說也有慶之象故小象曰往有慶也睽卦惟六五无遇見等字然宗親親也有過之意此言君爲不道宗社將覆也往有慶言能改過則有慶也

上九睽孤見豕負塗載鬼一車先張之弧後說之弧匪寇婚媾往遇雨則吉○象曰遇雨之吉羣疑亡也

上九變震爲雷澤歸妹䷵上離離爲目見之象中爻坎爲豕負者卽豕交也變震震爲大塗豕負于塗污事也不祥事也鬼虞氏翻以乾神

坤鬼說之其實鬼神不過陰陽二氣而已後天坎離卽爲先天之乾坤
則坎離亦爲鬼神坎者陽也爲神離者陰也爲鬼今中爻爲水火旣濟
則鬼神各安其所无如上卦之離與互卦之離相叢而鬼興矣見鬼一
車怪事也中爻互坎坎其於輿也爲多眚車之象坎數一故曰一車因
上卦爲離自二至四又爲離離多則鬼多一車極言之也中爻坎坎爲
弓輪弧之象今變爲震震爲蒼筤竹爲萑葦亦弧象也先者先天也先
天之坎坎中滿張之象也故曰先張後者後天也後天兌居坎位兌說
也說同脫故曰後說坎爲盜故曰匪寇卦言婚媾者皆先後天相遇相
見是也變震與先天之離同位也震與兌後天卦位又對待也同位遇
也對待見也婚媾之象往進也互坎坎爲雨小象曰羣疑亡也坎爲疑
遇震震動也動則疑釋猶澤上有雷水氣上升遇雨而陰陽和自睽而
合也

䷦蹇 艮下坎上 京氏房曰兌宮四世卦

蹇說文跛也 中爻互坎互離 上錯離下錯兌 綜解

蹇利西南不利東北利見大人貞吉

坤卦西南同類則得朋東北異類則喪朋今蹇中男少男之卦陽卦何以不及坤而亦曰利西南不利東北因蹇雖陽卦然在兌宮兌陰也說參虞氏易互離離爲目故曰見離者先天之乾乾金利故曰利見大人九五陽爻剛健中正有大人象全卦用往來者四爻往來卽彼此之意

象曰蹇難也險在前也見險而能止知矣哉蹇利西南往得中也不利東北其道窮也利見大人往有功也當位貞吉以正邦也蹇之時用大矣哉

難者阻難之意非患難之意險坎也坎爲上卦故曰險在前見者指互離言止艮也知同智離明故多智往得中指坎五言也其道窮指艮言艮爲鬼門窮之道也利見大人指互離言往有功言人在蹇時處昏闇

之日宜動不宜靜若得離之明始可因後天卦位艮八而坎一必由艮八而離九乃能至坎一也故曰往有功當位貞吉言卦爻除初六外均得位故曰當居九五之尊正邦之人也六二王臣蹇蹇文王以之往者指本卦言也來者指變卦言也又往退也來進也

象曰山上有水蹇君子以反身修德

山艮也水坎也陸氏績曰水在山上失流連之性故曰蹇艮其背反身之象坎維心亨行有尙修德之象

初六往蹇來譽○象曰往蹇來譽宜待也

初六變離爲水火旣濟䷾又往退也來進也變離離明也有先見之明故譽象之所謂見險而能止之謂也往蹇者言本卦之蹇已退也來譽者言變卦則離來離明也故譽小象曰宜待也待者待時之意

六二王臣蹇蹇匪躬之故○象曰王臣蹇蹇終无尤也

六二變巽爲水風井☵☴九五王也六二臣也五在坎險之中二應之蹇也中爻互坎又一蹇也故曰蹇蹇變巽巽爲進退亦蹇象也匪躬之故艮其背躬之象今曰匪躬乃爲國謀也非爲身謀也鞠躬盡瘁始合此旨蓋艮爲山巽爲風風落山而隕其實匪躬之象蘇氏軾曰不計遠近不慮可否无往无來蹇蹇而已是也雖蹇亦何尤故小象曰終无尤也

九三往蹇來反○象曰往蹇來反內喜之也

九三變坤爲水地比☵☷往蹇者言蹇已退來反者言變坤坤坎先後天同一卦位是坎反其本位也小象曰內喜之也變坤則自三至五爲艮艮錯兌兌說也故有喜之象內卽內卦也

六四往蹇來連○象曰往蹇來連當位實也

六四變兌爲澤山咸☱☶往蹇者言蹇已退今變兌先天卦位對待是

謂山澤通氣來連一也六四變中爻變乾乾三連二也胡氏瑗曰牽連之意因中爻互離上下皆成坎又中爻互巽巽爲繩直牽連之象三也四爻爲巽之正位巽屬陰四以陰居陰位故爲正位中爻互離離中虛不實也今變乾乾中實且乾爲木果實之至也故小象曰當位實也

九五大蹇朋來○象曰大蹇朋來以中節也

九五變坤爲地山謙☷☶九五爲大大蹇非常之蹇也朋者坤艮對待之象朋來者變坤坤西南得朋東北喪朋故曰朋來小象曰中節中者九五位居中節者後天坤艮對待且變坤中爻互變震震艮先後天同位若合符節也

上六往蹇來碩吉利見大人○象曰往蹇來碩志在內也利見大人以從貴也

上六變巽爲風山漸☴☶往蹇者言蹇已退來碩者言變巽巽爲廣顙

碩從頁頁頭也大也即廣顙大人之象也利見互離離爲目故曰利見小象曰志在內也內者對外卦而言也以從貴也謂利見大人本在九五今在上六居互卦之上猶言從九五而貴也

䷧解　坎下震上　京氏房曰震宮四世卦

解說文會意從刀判牛角　中爻互坎互離　上錯巽下錯離　綜蹇

凡卦氣中爻互坎離有八家人巽睽艮蹇兌解震漸艮歸妹兌既濟坎未濟離乾坤二宮諸卦不與焉學者將六十四卦一一畫出知二陰二陽之卦有四家人睽解蹇是也此四卦由臨遯而來臨遯即乾坤二宮之卦也三陰三陽有四漸歸妹既濟未濟是也此四卦由否泰而來亦即乾坤二宮之卦也

解利西南无所往其來復吉有攸往夙吉

坤後天西南之卦位震爲足往之象往也然震爲外卦更无外之可往

也震不往其爻䷿爲火水未濟六十四卦之次序未濟之傍爲解今解之中爻卽未濟也震不往適成未濟是來者復爲未濟也故吉有攸往有指震卦也攸久也往者震之性震在外卦雖无所往然震之性猶在故曰攸往然坎一至震三中隔坤二順則自坎而至震逆則自震而至坎不能出坤之外故曰其來復吉夙早也速也言速往解之使化險爲夷故吉

彖曰解險以動動而免于險解解利西南往得衆也其來復吉乃得中也有攸往夙吉往有功也天地解而雷雨作雷雨作而百果草木皆甲拆解之時大矣哉

險坎也動震也言當解時宜動不宜靜否則險不能解也往得衆往者震坤爲衆得衆卽得坤也後天卦位坎一震三自坎至震必往坤二而後可也得中者言九四入坤體也有功者指中爻言因中爻五多功也

震爲雷坎爲雨震動也解二月之用事雷以動之作之象百果草木震之象甲震中有甲拆開坼也甲坼免險之謂也坎爲難生甲坼則萌芽已發生生之象也坼馬氏融作宅謂根也

象曰雷雨作解君子以赦過宥罪

坎爲多眚无心失理爲過有心作惡爲罪皆坎象也震動而免故曰赦宥如文王獻洛西之地請除炮烙之刑以解萬民之難解之象也

初六无咎〇象曰剛柔之際義无咎也

初六變兌爲雷澤歸妹䷵此爻後天對待之卦位也又坎變兌是先後天同位故无咎且坎險也今變兌兌說也其險已解故无咎小象曰際凡先後天卦位之間故曰際兌陰卦柔也坎陽卦剛也剛柔相交其義无咎

九二田獲三狐得黃矢貞吉〇象曰九二貞吉得中道也

九二變坤爲雷地豫䷏變坤坤與坎先後天同位之卦也故小象曰
九二貞吉坎爲輿又爲矢互離離爲弓矢田之象變坤則互變艮艮爲
手獲之象亦得之象也離數三荀九家坎爲狐故曰三狐變坤坤爲土
土色黃中爻互離離爲矢故曰黃矢小象曰中卽坤六五象曰文在中
也故曰得中道也

六三負且乘致寇至貞吝〇象曰負且乘亦可醜也自我致戎又誰咎也

六三變巽爲雷風恆䷟釋見繫傳第八章此爻先天對待之卦故貞
下坎坎陽也變巽巽陰也陽變陰吝道也負背也中爻互坎今變乾則
互錯艮艮其背負之象下坎坎爲輿互離離中虛是輿能載物乘之象
又坎爲盜寇之象變巽巽入也故曰至言小人盜竊神器則國亂矣小
象曰亦可醜也亦字合上六爻觀之上六曰獲之无不利君子之事也
此則小人之事故醜也我指變言自從也自我猶言從變卦也戎卽寇

也致戎卽寇至也又誰咎也言禍起蕭牆是誰之過歟

九四解而拇朋至斯孚○象曰解而拇未當位也

九四變坤爲地水師☷☵而汝也拇陸氏績曰足大指王氏肅以拇手大指非震爲足今四爻爲外卦之最下者猶在足之拇也今變坤坤順也則拇之險已解矣變坤坤有得朋喪朋之意變則先後天同位故曰朋至斯語助辭焦氏循以斯爲澌澌者死也誤孚符也說文符信也此爻先後天同位故斯孚小象曰未當位也四爻正位爲巽今震居之故曰未當

六五君子維有解吉有孚于小人○象曰君子有解小人退也

六五變兌爲澤水困☱☵此爻先後天同位也故有孚變兌中爻互變巽巽爲繩直維之象而巽在後天又在四維之位也震動也變兌兌說也動而說則險有解矣小象言退是坎水就下也

上六公用射隼于高墉之上獲之无不利○象曰公用射隼以解悖也

上六變離爲火水未濟䷿釋見繫傳下第五章離爲公孔疏上六以陰居上故謂之公誤用以也坎爲弓卦居下自下射上之象也隼繫傳禽也九家易曰隼鷙鳥也今捕食雀其性疾害喩暴君也震錯巽巽爲高離中虛墉之象故曰高墉上者上六也此爻先後天卦位皆對待故曰无不利

䷨損　兌下艮上　先天對待之卦也京氏房曰艮宮三世卦

損說文減也　中爻互震互坤　艮兌互錯　綜益

損有孚元吉无咎可貞利有攸往曷之用二簋可用享

鄭氏玄曰艮爲山兌爲澤互體坤坤爲地山在地上澤在地下澤以自損增山之高猶諸侯損其國之富以貢獻于天子其義與二簋用享不合因坤居中爻故言孚元吉者先天對待也對待則氣通故无咎可者

含有戒之意言可貞則元吉无咎否則凶也因損之爲卦少男少女也
易象于艮爲閽寺兌爲妾狀言賤也故用可字兌上變而爲乾艮上變
而爲坤故彖言盈虛即乾坤也乾坤故利有攸往中爻互坤坤有攸往
又互震震動也往之象且後天之數兌七艮八相連即利有攸往之正
義也曷何也用以也之者即指損言也言損之何用在享而已享鄭氏
以爲貢獻然此卦之象不如從虞氏翻時爲春秋享爲祭祀爲是蓋曰
二簋明明是祭品也兌先天數二互震震仰盂又震爲蒼筤竹簋之象
可用者誠也兌口也享之象來氏知德謂文王可以二簋用享也其理
頗合且以益之六二王用享于帝證之則祭祀也

彖曰損損下益上其道上行損而有孚元吉无咎可貞利有攸往曷之用
二簋可用享二簋應有時損剛益柔有時損益盈虛與時偕行

此言損益陰卦爲損陽卦爲益今艮上是益上也道即一陰一陽之謂

也上行陽在上也曷崔氏憬曰何也應有時時虞氏翻曰時謂春秋祭祀乾鑿度孔子曰益之六二或益之十朋之龜弗克違永貞吉王用享于帝益者正月之卦也天氣下施萬物皆盈王用享于帝者言祭天也是春祭也今損七月卦也二簋用享是秋祭也盈陽也虛陰也

象曰山下有澤損君子懲忿窒欲

山艮也澤兌也兌爲口舌懲之象艮止也窒之象兌說也忿者說之反欲情欲也少男少女情欲所興項氏安世曰少男多忿少女多欲懲者遏而絕之如澤之絕山窒者塞而不流如山之塞澤是也

初九已事遄往无咎酌損之○象曰已事遄往尚合志也

初九變坎爲山水蒙䷃已止也上艮艮止也已事可止之事也遄速也事雖可已尚宜遄往是可已而不已也卽時至勿疑之意惟當酌其輕重緩急而損益之因變坎坎爲水酒之象也故曰酌虞氏翻以已爲

祀祭祀也是二簋可用享意然合之爻義則難通小象曰尙合志也尙孔疏庶幾也幾指中爻言則合因尙同上中爻上互坤坤與坎先後天同位也同位則志合去初九不用方合損之意去初九爲山雷頤亦先後天同位也去而合志是酌損也

九二利貞征凶弗損益之○象曰九二利貞中以爲志也

九二變震爲山雷頤䷚此爻先後天同位之卦也且中爻互坤先天卦位震艮居坤之間卦氣通故利貞征進也進則凶因變震震動也上艮艮止也止于動自守之謂也處守之際而妄進故凶弗損弗益因後天艮居先天震位是无可損益也小象曰中九二中位也曰志先後天同位也中在損益之間凡事之有待損之益之者皆未能協乎中也

六三三人行則損一人一人行則得其友○象曰一人行三則疑也

六三變乾爲山天大畜䷙釋見繫傳下第五章中爻變互震震爲足

行也震後天之數三三四又爲人爻故曰三人行中爻原互坤坤後天之數二以三去二故損一人下兌兌爲毀折損之象又下兌兌先天之數二變乾先天之數一故曰一人行且兌爲朋友講習故曰友小象曰疑疑者不能致一之謂也坤有得朋喪朋之象兌在西本得友且先天兌位與艮對待今變爲乾乾艮先後天同位故此爻之體在乾爲得而坤則損矣

六四損其疾使遄有喜无咎〇象曰損其疾亦可喜也

六四變離爲火澤睽☲☱中爻互變坎坎爲心疾疾之象遄速也兌說也故有喜損其疾卽滅去其疾喜也凡人有過亦疾也勇于改過正合此爻之義小象曰亦可喜也變則互震震動也疾之有動機愈之象是可喜也應初九言故用亦字此爻言疾指爻辰言也六四爻辰在丑丑爲淫淫氣在中故多疾言去君側之小人則君亦可以爲善也

六五或益之十朋之龜弗克違元吉○象曰六五元吉自上祐也

六五變巽爲風澤中孚⚊✕⚋⚋⚊⚊此爻先後天同位也故元吉而小象又重言以中明之曰六五元吉或之者崔氏憬曰疑之也十朋之龜或以爾雅十龜釋非頣大象如龜中孚大象亦如龜合益之六二參觀之龜離象離中虛靈也中孚大象如離兩貝爲朋耦之象也崔氏憬曰雙貝曰朋是也十朋之龜義見漢書然周公此爻所引十朋之龜與益之六二十朋之龜象數各有不同惜古今解經者皆未致力于此所謂十者上艮艮數七下兌兌數二合之得九今或益之益者增其數也增其一數得十矣違者反也損之卦位山澤通氣弗違也今曰弗克違是不違先天也卽書筮協從之意上卽天也

上九勿損益之无咎貞吉利有攸往得臣无家○象曰弗損益之大得志也

上九變坤爲地澤臨䷒弗損益之此指聖人之心民胞物與其用人也无私欲存于其閒故曰弗損益之變坤坤爲衆得臣之象上艮艮爲門闕家之象无家者不限于家人以賢才而用之之謂也王氏弼曰得臣以天下爲一故无家也若去得臣二字方爲的解小象曰大得志也後天卦位艮坤對待故曰得志艮陽也陽爲大大得志謂艮變坤是艮得志也

䷩益 震下巽上 先天同位之卦也京氏房曰巽宮三世卦

益增益也 中爻互艮互坤 震巽相錯 綜損

益利有攸往利涉大川

益利有攸往因後天之數震三巽四相連故也在先天之位震巽又對待故也上利利指坤言因中爻互坤坤君子有攸往利涉大川震巽皆木象震動而巽順利涉之象下利字指九五六二皆得中正也

彖曰益損上益下民說无疆自上下下其道大光利有攸往中正有慶利
涉大川木道乃行益動而巽日進无疆天施地生其益无方凡益之道與
時偕行
此孔子贊益之詞全用韻語損陰也益陽也上巽爲陰故曰損上下震
爲陽故曰益下民說无疆指中爻言坤爲衆民也又爲地地勢平衍廣
漠无疆也中爻互艮艮錯兌兌說也自從也上巽也下及也下震也自
上下下言由巽下震其中一陰一陽之道有坤焉坤之彖曰含弘光大
今曰大光叶韻故顚倒言之也中五卽二五兩爻得位言也有慶卽坤
彖曰乃終有慶也木道猶言木德也禮月令某日立春盛德在木震巽
皆木也行者震爲足足能行然木之行非水不可水生木也木道乃行
卽利涉大川也張氏根曰中虛故也以巽震成卦大象似離中虛也動
震也進之象日進无疆者卽象之遷善改過之意震陽也以狀善中互

坤坤順德也遷之象巽陽也以狀過中互艮艮止也改之象无疆卽坤之德合无疆也天施地生動萬物撓萬物之謂也无方者言天道无常由人之善與過而來也所謂天道何親惟親善人是也損益二卦皆言人事故二卦之彖皆曰與時偕行如乾之九三爲人爻亦曰與時偕行凡人之立世須以時立極視時之若何將平日所畜之德以應對之故象重在遷改兩字讀者其察諸益初九言大作乾鑿度曰造器設益

象曰風雷益君子以見善則遷有過則改

詳見彖解風巽也雷震也子夏傳曰雷以動之風以散之萬物皆益巽爲進退善過之象震動也遷改之象

初九利用爲大作元吉无咎〇象曰元吉无咎下不厚事也

初九變坤爲風地觀䷓此爻先後天同位故元吉震之正位在初今得位故无咎觀八月之卦也益正月之卦也觀者有以示人而爲人所

仰者也則益之觀必有示人之物其物卽大作也陸氏績曰此后稷公
劉之功虞氏翻曰大作謂耕播耒以震三月卦日中星鳥敬授民時故
以耕播也侯氏果亦曰大作謂耕植也耒爻象巽入也震動也變坤坤
爲地農人力事田畝動于地入于地似耕播也雖耒耨之利蓋取諸益
然謂之農作可也何必冠以大字孔疏大作謂興作大事也因震陽也
故曰大益卦諸爻皆言用九五上九雖不言用然與內卦相應此爻與
六四相應故曰利用猶言不在此而在他爻也六四曰利用爲依遷國
此爻利用爲大作卽遷國是也初九興作大事以備遷國也六四大作
已成可遷國也故益之觀自正月至八月也六四爲无妄无妄九月也
八月工竣九月遷國可无疑義如文王作豐邑立靈臺皆大作也動于
地入于地經之營之之時較農時爲尤甚故不如從孔疏爲宜小象曰
下不厚事也言震變坤坤爲地下也卦在下亦爲下不厚事者急公家

之事而不以私事爲要也

六二或益之十朋之龜弗克違永貞吉王用享于帝吉〇象曰或益之自外來也

六二變兌爲風澤中孚䷼此爻參觀損之六五益之爲卦巽數五震數四合之爲九或益之者有人增其數也增其數得十矣故小象曰自外來也言十之數自外來也弗克違言益之卦位雷風相薄弗違先天也王指五二五相應故曰用享于帝言天人合一也帝者內卦震也震帝出乎震變兌則中爻互變坤坤爲牛享祭之品也乾鑿度曰言祭天也

六三益之用凶事无咎有孚中行告公用圭〇象曰益用凶事固有之也

六三變離爲風火家人䷤凶事戎事也三多凶中爻坎象坎險也亦凶事也離爲甲胄戈兵戎之象中爻亦互離亦凶事也小象曰固有之

也言在象中已有之矣有孚中交互坎坎之卦曰習坎有孚中卽中爻
也凡易爻言中者取上卦中爻下卦中爻而益則三四兩爻皆言中行
益道有二一爲受益之人一爲益人者也中道而行故曰中行變離離
爲公諸侯朝王則用圭震帝也離見震朝之象圭者玉之屬也九家曰
上公執桓圭九寸以事地也此爻言圭蓋先天之數巽五震四合之爲
九中爻互坤坤爲地巽爲命告之象益卦告公者亦有二告公用圭者
欲公知用圭之義鞠躬盡瘁國事也告公從者知凶事將至告公之左
右早爲之所也此爻先後天同位故有因而无果

六四中行告公從利用爲依遷國○象曰告公從以益志也

六四變乾爲天雷无妄☰乂☳震爲足行之象又從之象也公從卽公之
從者也巽爲命故曰告變乾乾王公之象也中爻互坤坤爲國今變乾
則中爻互變艮艮止也止者廢止之意言舊國已廢止也上互又變巽

巽入也是入于新國遷之象依者民歸之也因坤爲民巽入也卽歸之
意利用猶言在此不在彼之意是指錯而言也乾錯坤坤爲國此國字
與中爻所互之坤不同錯之坤是擬遷之國也中爻所互之坤乃欲遷
之國也小象曰以益志也乾錯坤乾坤先天對待其志通也益卽益卦
之益

九五有孚惠心勿問元吉有孚惠我德○象曰有孚惠心勿問之矣惠我
德大得志也

九五變艮爲山雷頤䷚此爻先後天同位之卦也故小象曰大得志
也變艮則大象似離離有孚又離中虛心也心者人心也亦卽天地之
心也惠者恩及民也言九五之君子有信有恩于民而民心歸之而上
下交孚故以同位之爻象之勿問因巽錯兌兌爲口問之象今變艮艮
止也故曰勿震善鳴而艮止之善鳴者能自止亦勿問也蓄德化于民

吉凶禍福可勿問龜筮也

上九莫益之或擊之立心勿恆凶○象曰莫益之偏辭也或擊之自外來也

上九變坎爲水雷屯☳☵上九陽之極故曰莫益之莫釋見繫傳第五章小象曰偏偏虞氏翻曰周匝也中互艮艮爲手擊之象奪也或者言艮已過故也小象曰自外來也言艮雖在互卦之中然上九已在互卦之外故曰自外來立心以人心立天地之心卽立極也勿艮止之意恆者恆卦雷風恆與益卦正相反故曰勿恆凶求益非恆不可也

周易易解卷五終

書名：周易易解（原版）（上）
系列：易學經典文庫
原著：【清】沈紹勳（竹礽）
主編・責任編輯：陳劍聰

出版：心一堂有限公司
通訊地址：香港九龍旺角彌敦道六一〇號荷李活商業中心十八樓〇五一〇六室
深港讀者服務中心：中國深圳市羅湖區立新路六號羅湖商業大厦負一層〇〇八室
電話號碼：(852) 67150840
網址：publish.sunyata.cc
淘宝店地址：https://shop210782774.taobao.com
微店地址：https://weidian.com/s/1212826297
臉書：https://www.facebook.com/sunyatabook
讀者論壇：http://bbs.sunyata.cc

香港發行：香港聯合書刊物流有限公司
地址：香港新界大埔汀麗路36號中華商務印刷大廈3樓
電話號碼：(852) 2150-2100
傳真號碼：(852) 2407-3062
電郵：info@suplogistics.com.hk

台灣發行：秀威資訊科技股份有限公司
地址：台灣台北市內湖區瑞光路七十六巷六十五號一樓
電話號碼：+886-2-2796-3638
傳真號碼：+886-2-2796-1377
網絡書店：www.bodbooks.com.tw
心一堂台灣國家書店讀者服務中心：
地址：台灣台北市中山區松江路二〇九號1樓
電話號碼：+886-2-2518-0207
傳真號碼：+886-2-2518-0778
網址：http://www.govbooks.com.tw

中國大陸發行　零售：深圳心一堂文化傳播有限公司
深圳地址：深圳市羅湖區立新路六號羅湖商業大厦負一層008室
電話號碼：(86)0755-82224934

版次：二零一八年四月
裝訂：上下二冊不分售

心一堂微店二維碼　心一堂淘寶店二維碼

定價：港幣　三百八十元正
新台幣　一千四百八十元正

國際書號 ISBN 978-988-8316-29-8